범죄 심리

Délinquance et violence

프랑스 대학생들이 가장 많이 읽는 심리학 시리즈

범죄 심리

Délinquance et violence

소니아 아라티 · 다비드 바바소리 · 로이크 M. 빌레르뷔 지음 | 배영미 옮김 | 김정현 감수

192

NUN

눈 프랑스 대학생들이 가장 많이 읽는 심리학 시리즈

범죄 심리 Délinquance et violence

소니아 아라티 · 다비드 바바소리 · 로이크 M. 빌레르뷔 지음 | 배영미 옮김 | 김정현 감수

초판 1쇄 인쇄 2010년 10월 13일
초판 1쇄 발행 2010년 10월 20일

발행처 | 도서출판 NUN · 발행인 | 임말희
출판등록 | 2009년 2월 17일 · 등록번호 | 제305-2009-6호
주소 | 서울시 서초구 양재1동 19-6 성희빌딩 401호 우편번호 137-888
전화 | 02-3394-4745 팩스 | 0505-115-4936 이메일 | marieklara@paran.com
홈페이지 | www.nun.or.kr

값 10,000원

ISBN 978-89-94347-05-9 (04180)
ISBN 978-89-960904-7-2 (세트)

파본이나 잘못된 책은 바꿔드립니다.

 이 도서의 국립중앙도서관 출판시도서목록(CIP)은 e-CIP 홈페이지(www.nl.go.kr/ecip)에서 이용하실 수 있습니다. (CIP제어번호: CIP2010003599)

감수의 글

'범죄자를 어떻게 이해하고 처우해야 하는가' 라는 물음은 정신의학, 법학, 인문학 등 다양한 학문 분야에서 오랫동안 고민하여 온 과제이다. 우리 사회가 범죄자에 대해 가지고 있는 부정적 관념들을 자세히 살펴보면, '싸이코패스', '냉혈한' 등 그들은 우리와 근본적으로 다른 부류의 사람이라는 생각과 '부도덕한 자', '양심이 없는 사람' 등 일반인과 기본적으로 동일하다는 생각이 혼재되어 있음을 알 수 있다.

감수자는 국립법무병원(치료감호소)에서 법정신 의학 및 정신감정 전문가로 활동하면서 범죄를 저지른 환자들을 직접 치료해 본 경험이 있고 현재도 법원의 전문심리위원으로 활동하고 있어 '범죄와 정신질환의 관계', '정신질환자의 범죄' 등에 대해 남다른 관심을 기지고 있다.

살인, 방화, 성범죄 등 강력범죄나 절도, 폭력, 마약 투약 등 다양한 범죄를 저지른 여러 범죄자들을 직접 치료하고 겉으로는 드러나지 않는 범죄행동 이면의 모습들을 살펴보면 그 양상이나 유형이 너무나 다양하여 이들을 '범죄자' 라는 하나의 단일한 테두리에 넣어 고찰하는 것이 어렵다는 생각이 들기도 한다.

많은 범죄자들이 범죄에 이르게 되는 데는 불우한 성장환경, 혹독한 경험으로 인한 인격 왜곡, 열악한 경제 여건 등이 존재한다. 그러나 한편으로 범죄에 물들기 쉬운 어려운 환경 속에서도 범죄자가 아닌 훌륭한 삶을 이뤄내는 자유의지의 존재는 아직까지 범죄자를 오롯이 이해할 수 있는 완벽한 이론이 존재하지 않는다는 해묵은 패러독스적 상황이 그대로 지속됨을 느끼게 한다.

비록 우리가 '범죄자' 와 관련된 근본적 질문에 대해 완전한 이론이나 해답을 내놓지는 못한다 하더라도 우리는 범죄자의 정신세계와 관련하여 해결해야 할 산더미 같은 과제를 현실적으로 안고 있다.

우리는 범죄자들이 범죄의 길로 접어들게 되는 요인을 살피고 이들을 교화해서 다시 우리의 선량한 이웃으로 돌아올 수 있도록 하여야 한다. 이를 위하여 구금이라는 법적 제재 외에 다른 어떤 방법이 있는가에 대하여 고찰하고, 특히 정신장애로 인하여 법적 책임 능력이 미약하거나 부재한 심신 미약이나 심신상실을 어떤 경우에 인정하여 형사상 면책을 부여할 것인가에 대하여도 답하여야 한다.

이번에 NUN 출판사에서 새로이 번역하여 출판하는 소니아 아라티, 다비드 바바소리, 로이크 M. 빌레르뷔의『범죄심리』는 범죄자를 이해하는 다양한 입장들에 대한 균형 잡힌 설명과 범죄 현상들에 대해 명쾌하고 날카로운 시각을 제시하고 있다.

특히 심리학, 정신병리학 및 정신분석학적 접근법은 일반인들에게 기존의 범죄 및 범죄자에 대한 인식을 뛰어넘는 새로운 시각을 제공하기에 충분할 뿐 아니라, 프랑스에서의 논의상황을 개괄적으로 소개함으로써 관련분야의 학문적 논의를 풍부히 하는 데도 많은 기여를 할 것으로 기대된다.

이러한 의미 있는 작업에 심혈을 기울인 역자와 NUN 출판사의 노고에 감사드리며 이 책이 범죄 없는 미래로 다가서기 위한 작지만 귀한 초석이 되길 바란다.

분당서울대학교병원 정신보건 및 행동의학 전담교수

정신과학 박사 김정현

목 차

들어가며

우리는 폭행, 살인 등 다양한 신체적 폭력에 끊임없이 노출되어 있다. 이러한 신체적 폭력뿐만 아니라 심리적, 성적, 물질적 폭력 그리고 불법침입 및 파괴 등의 모든 폭력적인 행동을 연구하는 학문이 범죄학이다. 따라서 범죄학의 분야는 매우 광범위하며, 일탈과 폭력뿐만 아니라 넓게는 범죄와 범죄성을 다루는 범죄학에는 다양한 학문과 의견들이 공존하고 있다.

1950년대 이후부터 프랑스의 범죄·폭력 행위에 대한 분석은 생물학적, 심리학적, 사회학적 요소들이 통합된 총체적인 방법을 기반으로 이론에 치우쳐 진행되어 왔다. 하지만 현실적인 상황과 위상은 단순하지 않다. 실제로, 캐나다나 다른 영미권 국가들과 달리 프랑스에서는 범죄학과 범죄학자들의 지위가 인정되지 않고 있으며 범죄학은 공식적으로 존재하지 않는 학문이다. 범죄학자라는 직업이나, 범죄학이란 교과과정도 대학 내에 그 자체로는 존재하지 않는다. 범죄학은 법학, 의학, 사회학, 심리학 등과 같은 일반 학과에 포함된 선택 과목으로서만 수업이 이루어지고 있다.

프랑스 내의 범죄학에 대한 이 같은 구속적이고 제한적인 상황은 두 가지로 설명될 수 있는데 범죄학적 사실의 접근에 있어 인문과학과 사회과학의 중요성을 인정하지 않는 후진적인 문화적 특수성과 법률과 범죄학 사이의 복잡한 역사적 관계가 그것이다.

'범죄학' 이라는 학문은 대체로 제한적으로 받아들여지고 있으며 현재의 범죄학은 여전히 초보단계에 머물러 있다. 19세기말의 롬브로조C.Lombroso는 인류학적 변수에 따라 범죄자들을 분류하였는데 이러한 그의 연구는 실제로 범죄학을 무겁지 않고 비객관적인 분야로 인식시키는데 공헌하였다. 그 후, 페리E.Ferri와 타르드J.G.Tarde가 범죄자의 프로필 작성에 심리학적 자료도 포함시키면서 롬브로조의 연구는 더욱 빠르게 진화되었다. 하지만, 개인을 중시하는 범죄학자들과 사회 보호라는 최종적이고 유일한 목표하에 처벌을 강조하려는 형법학자들 사이에 강경한 논쟁이 20세기 초와 제 2차 세계대전 말까지 지속되었다.

1960년대에는 피나텔Pinatel을 통해 처음으로 형법과 범죄학 사이의 비교 연구가 실행되었으며 그 후에는 앙셀M.Ancel이 인본주의와 범죄학의 비교를 통하여 범죄행동의 도덕적 측면을 고려한 형벌을 시행할 것을 주장하였다. 이러한 화해적 움직임은 부분적이나마 범죄자의 인격평가 시행(1958년 형사소송법에 도입)과 범죄자의 형벌 관리와 수감에 대한 대체 방안 설립이라는 실질적인 업적을 남겼다.

오늘날, 범죄와 폭력이 증가함에 따라 형법은 절대무기로 군림하며 범죄 진압에만 충실하고 현상의 원인을 분석하려는 노력과는 멀어지고 있다. 사법계는 일사천리식으로 범죄와 폭력사건을 처리하고 범죄학을 현실과 동떨어진 추상적인 학문으로 간주해 버린다. 하지만 다학문적인 범죄학의 특성을 고려해보았을 때 범죄학은 강력한 힘과 원동력을 가지고 있는 학문이다.

인간의 인격이 범죄와 폭행에 영향을 미친다는 가정 하에 범죄학에서는 인류의 모든 과학을 연구 대상으로 한다. 따라서 일부 학자들은 범죄 철학, 범죄학, 범죄 정치학, 형법, 범죄 기술학, 피해자학과 같이 범죄현상과 관련된 모든 학문 분야를 총체적으로 표현하기 위해서 범죄과학이라고 지칭하는 것을 선호한다. 이러한 범죄과학은 범죄(구성요건에 의해 객관적으로 인정을 받게 됨), 범죄자(행동의 책임을 지게 된 당사자), 사회(규범 설립과 처벌의 특권을 소유함), 피해자(위반의 피당사자 혹은 보상의 당사자)라는 일반적 요소로 구성된다(R.Cario 1996). 수십 년 전부터, 형사과학을 구성하고 있는 여러 학문에서 지속적으로 이루어진 과학의 발달에 범죄과학이 잘 적용됨에 따라 범죄과학의 중요성이 인정되었다. 그리고 이 같은 발전과 함께, 오늘날 개인적이고 사회적인 복합성 내에서 범죄현상을 분석하게 되었다.

카리오에 의하면 범죄과학을 구성하고 있는 학문 분야 중 하나인 범죄학은 '다학문적 분야의 과학으로, 범죄행동에 의해 발생한 사회 현상을 통합적이고 총체적으로 분석하는 것을 목표로 하고 있으며, 개인과 사회의 이중적 범위 내에서 범죄 행동의 원인과 역학 분석을 통해 범죄의 예방과 치료를 목적으로 하고 있다'.

범죄학은 일반 범죄학과 임상 범죄학으로 구성되어 있다. 일반 범죄학은 생물학적, 심리학적, 사회학적 지식을 기반으로 전문적인 범죄학의 자료들을 비교 종합하는 것이며, 개인의 사례에 중점을 두고 있는 임상범죄학은 범죄를 일으킨 주체의 행동과 인격을 분석, 진단하고 개별화된 대책 방안을 구상하고 제안함으로써 재범 방지를 목표로 하고 있다. 임상범죄학은 범죄를 일으킨 주체로부터 범죄 현상에 접근하는 것이다. 따라서, 임상범죄학에는 다양한 학문(생물학, 사회학, 심리학 등)과 이론적 모델(정신병리학의 예를 들자면, 정신분석학적 모델, 발달단계 모델, 인지행동 모델 등)이 포함되고, 이러한 학문과 이론들은 각각의 관점과 개념에 따라 다양하게 범죄 연구에 기여한다.

하지만 범죄 행동은 '인격과 환경 사이의 역학적 관계'(Lewin)를 통해 한 주체가 주어진 상황에 대해 반응한 결과물로 해석되어야 한다는 것이 일반적인 견해이다. 다시 말해, 개인과 특수상황의 관점에서 보면 범죄 행동으로 이르기까지의 과정은 다양한 요소간의 상호작용에서 비롯되었다는 것이다. 이러한 범죄 역학을 구성하고 있는 각각의 요소들을 밝히고 분석해야 한다는 필요 아래, 범죄학 분야에서 인문학, 특히 심리학에 대한 관심은 필연적이라고 할 수 있다. 마찬가지로, 20세기에는 광기에 대한 우리의 관점도 변화하여, 광인을 일부 정신장애자로 진단하고 더 이상 그들을 시설에 감금하지 않고 있다. 오늘날 우리는 범죄와 폭력에 대해 좀 더 비판적인 관점을 가져야 하며 정신 세계와 사회적 기회가 동시에 공존하는 사회에서 일상적인 현상의 하나로 범죄와 폭력을 인식해야 한다. 무엇보다 중요한 것은 범죄와 폭력을 이해해야만 그것을 통제하고 진압할 수 있다는 것이다. 또한 각각의 범죄와 폭력 행동의 이면에는 개별적인 인생사나 과거, 사연을 가진 개인이 존재하고 있다는 사실을 명심해야 한다.

이처럼 범죄가 가지고 있는 개별적인 특이성 때문에 범죄현상 연구에서 인문과학과 사회과학의 역할과 필요성을 인정하는 것이 반드시 필요하다. 그래야만이 모든 범죄학자들의 풀리지 않는 의문인 "왜 범죄자가 되는가?"에 대해 더욱 명료하고 다양한 대답이 나올 수 있을 것이다.

제1장

범죄와 폭력

Délinquance et Violence

192

1 객관적 사실인가 구성된 사실인가

1_1 일탈과 규범

범죄와 폭력은 명확하고 정확한 객관적 사실이라기보다는 어느 한 시대에 사회 내에서 문제가 되는 사실들을 수집하고 해석하여 구성된 것이라고 할 수 있다. 실제로, 범죄와 폭력은 보편적 현상이긴 하지만, 범죄나 폭력으로 간주되는 행동과 범죄자나 폭력범을 분류하는 기준, 범죄 행위를 처벌하는 권력기관, 범죄 행위에 대한 반응, 범죄 행위에 적용되는 처벌의 정당성, 그리고 이러한 반응이 범죄자와 사회에 미치는 결과 같은 요소들의 가치는 사회와 시대에 따라 변화한다(A.Ogien 1995).

이러한 현상들은 어느 한 시대에 사회를 구성하고 있는 사회 그룹들이 법적으로 인정되었든 아니든 간에 서로 공유하고 있는 다양한 사회 규범을 기준으로 범죄 행위를 처벌한다는 공통점을 가지고 있다. 이를 통해, 우리는 왜 범죄와 폭력의 보편적 특성에 대한 과학적 정의가 존재하지 않는지를 이해할 수 있다.

범죄와 폭력에 대해 관심을 갖게 되면 필수적으로 일탈의 개념에 대해 의문을 가지게 된다. 심리학적으로 일탈은 '사회 규칙으로부터 벗어난 행동' 으로 정의된다. 다시 말해, 사회규범에서 벗어나는 행동을 취한 사람을 일탈자라고 규정짓는다. 따라서, 일탈의 상황이 존재하기 위해서는, 규범의 존재와 이러한 규범을 위반하는 행동이라는 최소한의 두 가지 요소가 전제되어야 한다.

규범의 존재

우리의 모든 사회 생활은 여러 규범들을 통해 관리된다. 모든 사회는 다양한 규범을 만들고 이러한 규범들을 전달하고 유지하고자 노력하며 그 의도에 대한 최소한의 합의를 요구한다.

따라서 규범은 문화적 존재인 인간에게는 필수적인 만큼 보편적이긴 하지만 규범을 표현하고 추진하는 문화적 혹은 사회적 상황에 따라 영향을 받기 때문에 상대적이기도 하다. 이처럼 규범은 다양하고 가변적이므로 어떤 행동의 일탈적 성격은 시대에 따라 끊임없이 변화하게 된다. 즉, 어떤 시대에는 소위 정상적이라고 여겨지던 행동도 다른 시대에는 환경의 변화에 따라 일탈이라고 여겨질 수 있다. 이러한 경우에 규범은 모순성을 띠게 된다. 예를 들어, 몇 년 전까지만 해도 서양 사회에서 낙태는 매우 비도덕적인 범죄로 간주되어 엄중한 처벌이 가해졌었지만 현재는 오히려 낙태의 자유를 비판하는 기독교 원리주의자들이 비난을 받고 있다. 뿐만 아니라, 예전에는 동성애를 혐오스러운 성적 도착증으로 간주하고 심각한 처벌을 가했었지만 현재는 동성애자들의 정체성을 합법적으로 인정해달라는 요구가 늘어나고 있다. 반대로 예전에는 정상적이라고 인정받고 용인되던 행동들이 사회가 발전함에 따라 처벌의 대상이 되는 경우도 있는데, 사냥과 같이 생태계를 파괴하는 행동들이 그 예이다. 결국, 규범은 공통 기준들의 원칙과 가치를 기반으로 선택된 선호 사항들의 표현이라고 할 수 있다. 즉, 규범은 사회 구성원들의 여러 행동들을 표준화하기 위해서 개인들의 행동을 지도하는 규칙의 총체적인 집합체인 것이다.

규범에 대한 위반 행동

규범의 개념은 사회의 조직과 기본 질서를 위협하는 차이différence라고 인식되는 일탈(규범 무시)의 가능성과 연결되어 있다. 무치엘리 L.Mucchielli(1999)에 의하면, 모든 일탈은 규범을 위반함으로써 발생한다. 뒤르켐E.Durkheim(1970)은 보편 규칙들을 강요함에 따라 규범에 대한 일탈이 유발된다고 주장하였다. 이러한 주장을 통해서 우리는 사회의 규범을 준수하는 순응과 순응에서 벗어난 일탈을 구별하고 정상 상태 normalité란 무엇인지, 나아가 정상적인 것과 병리적인 것에 대한 의문을 제기하게 된다.

캉길렘G.Canguilhem은 오직 인간을 기준으로만 규범을 결정하고 생각할 수 있다고 주장하였다. 그는 '그 자체만으로 정상적인 것과 병리적인 것'은 존재하지 않는다며, 인간에 대한 규범의 객관성을 부인하였다. 또한, 캉길렘은 정상적인 것과 병리적인 것은 인간 본성에 대한 새로운 관점을 통해서만 이해될 수 있다고 보았다.

그 자체만으로는 정상적인 것도 병리적인 것도 존재하지 않기 때문에 보편적인 인간본성 또한 존재하지 않는다. 대신, 인간 본성은 규범성normativité이라는 특징을 갖는다. 캉길렘에게 정상적이란 것은 규범적인 것을 의미하며 규범성은 존재 가능한 삶의 규범들이라고 정의될 수 있다.

규범적이라는 것은 새로운 생활 규범에 스스로를 적응하고 헌신할 수 있음을 의미한다. 즉, 정상적인 사람은 규범적인 사람을 말하며, 이들은 조직적이기까지 한 새로운 규범을 설립할 수 있는 능력을 갖추고 있다(1943). 규범성은 앞으로 경험할 새로운 생활 규범을 판단하는 개인을 기준으로만 이해될 수 있다. 이러한 캉길렘의 이론은 두 가지 중요한 전제를 포함하고 있는데, 인간은 외부 요청에 의해서 스스로를 변화시킬 수 있는 무한한 능력을 갖춘 존재라는 점과 변화된 규범의 생활 방식을 평가하는 것은 개인이기에 주관적인 규범만이 존재한다는 것이다. 범죄 행동과 폭력 행동이 규범의 문제에만 관련된 것이 아니라 정상적인 것과 병리적인 것과도 관계되어 있다는 이론에 대해서는 3장에서 좀더 자세히 다루게 될 것이다.

1_2 위반과 주변화

어떤 사실을 범죄나 폭력 행동으로 규정하는 것은 그 사건에 부여되는 관점, 즉 그 사건이 그 시대의 사회 규범에서 이탈한 행동인지 아니면 용인되는 행동인지의 판단에 달려있다. 이 주제를 좀더 자세히 다루기 위해서는, 다음의 두 가지 형태의 일탈 행위를 구분할 수 있어야 한다.

첫 번째 일탈 행위는 삶이나 신분의 규범에서 벗어난 일탈로, 사회 규범과의 불일치를 통해 사회 질서 및 삶의 구조의 기반을 문제 삼는 행동과 상황을 의미한다. 실업과 노숙, 자퇴는 각각 직업, 주거, 교육 시스템이라는 규범의 테두리에서 일탈한 것이라고 볼 수 있다. 이러한 일탈은 소외화라고 한다. 사회 규범과 부합하지 않는 이 같은 현상들을 범죄 혹은 폭력으로 규정할 수는 없다. 즉, 규범을 벗어난 행동이나 상황이 모두 법을 위반한 것은 아닌 것이다.

두 번째 일탈행동은 사회를 조절하는 규범을 위반한 일탈이다. 이러한 일탈은 사회 규범 혹은 법적 규범에 대한 위반 혹은 불일치로 인해 사회 질서의 기반을 위협하는 행동과 태도를 포함한다.

위법, 불복종, 건방짐, 무례함이 각각 형법, 규칙, 관습, 교육에 벗어난 행동들로 위반의 범주에 해당된다. 우리는 이 같은 위반 행위를 범죄와 폭력으로 규정하고 법을 통해 처벌하고 체계화한다.

법은 명령과 허가, 보호, 처벌을 행하는 최고 권력기관에 의해 공표되어 강제성을 띠는 모든 규칙들을 의미한다.

결국, 모든 위반이 그 자체로 일탈이 되는 것은 아니라는 것을 명심해야 한다. 오히려 사회 규범의 위반을 통해서 어떠한 원칙과 가치가 문제시되면서 사회가 발전할 기회를 얻을 수도 있다. 모든 위반행위가 병리적 현상으로 치부될 수는 없으며 반드시 그 외의 다양한 요인들도 함께 고려되어야만 한다.

2 범죄

2_1 어원에서 정의까지

범죄자라는 뜻의 불어 단어 delinquant은 '관계를 끊다' '분리되다' 의 의미로서 '놓아주다' '포기하다' '느슨하게 하다' '파괴하다' 라는 의미를 가진 라틴어 linquere 또는 relinquere에서 파생되었다. 같은 어원에는 '완전히 단념하다' 라는 의미의 동사 derelinquere와 '완전히 버림받음' 이라는 의미의 실사 'derelictio' 도 속해 있다. 마찬가지로 '범죄자délinquant' 의 라틴어 시조인 동사 delinquere도 이 어원 동족관계 속에 포함되어 있다. 즉, '범죄자' 라는 단어는 일차적으로 '부족하다, 없다, 결핍되다' 라는 의미를 가지고 있는 셈이다.

여기서 좀 더 발전하여, 도덕적 또는 법적으로는 '책임감을 상실하다, 과오를 범하다' 즉, 규칙 준수에 대한 의무감이 결여된 상태라는 의미로 해석된다.

현대의 범죄학 용어사전에서는 일반적으로 범죄를 사회적 차원의 모든 위법 및 유책 행위로 정의하고 있다. 범죄로 규정되기 위해서는 사회에 의해 위법행위로 해석되고 인정되어야 한다. 이런 측면에서 범죄는 사회적 현상이자 법률적, 심리적 현상에 해당된다. 모든 사회에는 범죄가 존재하고 사회환경은 범죄 발생에 강력한 영향을 끼치기 때문에 범죄는 사회적 현상이라고 할 수 있다. 뿐만 아니라, 범죄는 법률적 영향력 하에서 범죄의 주관적인 의미는 배제된 채 그 사실 관계만이 구체적으로 정의되기 때문에 법률적 현상으로도 볼 수 있다. 여기서 사법기관은 엄격한 수행기능을 담당하여 법률이 범법행위에 제대로 적용되고 있는지 여부를 감시한다(Archambault et Mormont 1998). 마지막으로, 범죄는 범죄자 개인의 개별적인 인생 역정을 담고 있는 결과물이라는 점에서 범죄는 심리적 현상에도 해당되는 것이다.

2_2 현대의 사회·법적socio-legal 해석

소위 '범죄'라 지칭되는 행위는 모든 사회의 보편적 현상으로서 모든 시대에 걸쳐 존재해 왔지만, 범죄에 대한 개념은 시간이 흐르면서 정립되었다. 역사적으로, 고대 로마시대에는 범죄 행동이 개인적인 현상으로 인식되었으며 18세기에 이르러서야 범죄에 대한 개념이 본격적으로 논의되기 시작하였다.

범죄의 개념은 시대의 정치적, 대중적, 도덕적 힘의 이념 체계에 영향을 받아 변화를 겪어 왔지만 무엇보다도 법률적 개념의 영향을 가장 많이 받았다. 현재, 법률적 측면에서, 범죄는 좁은 의미로는 범죄로 규정되는 특수한 범법행위를 의미하지만 넓은 의미로는 형법에 위반되는 모든 행위 즉, 위경죄, 경죄 또는 중죄가 해당된다.

형법에서 위반은 위법 행위로 분류되어 법에 의해 처벌받고 재범 방지를 위한 목적으로 형벌이 부과된다.

범인과 범죄자, 범죄와 위법 행위는 같은 의미로 구별 없이 사용되지만 각각의 어휘들은 정확하고 특정한 의미를 가지고 있으며 이에 따라 가해지는 형벌도 분류된다. 실제로, 범죄 행위는 각각의 행위의 경중에 따라 법적으로 다음과 같이 분류된다.

프랑스에서 범죄는 도로교통법 위반과 같이 경찰 법원에 기소되어 형사처벌을 받는 위경죄contravention와 도둑질, 사기, 마약 복용과 같이 경죄 법원에 기소되는 경죄délit, 그리고 성폭행, 살인, 고문, 밀매와 같이 중죄 법원에 송부되어 중범형을 선고 받는 중죄crime로 분류된다.

양적으로 볼 때 범죄는 한 사회를 지배하고 있는 법적 기준, 처벌 기준에 위배되는 모든 위법 행위를 포함하는 위경죄, 경죄, 중죄를 의미한다. 질적으로는 사회 내에서 복잡하게 충돌하는 모든 대립 요소들의 총체적인 합이라고 이해할 수 있다. 즉, 법적 기준을 규정하는 주체(결정 기관과 압력 집단), 이러한 법적 기준을 위반하는 주체(범죄자), 비공식적인 방법으로 위반 행위를 고소하고 위반행위에 대항하는 주체들(피해자, 목격자, 주변인) 그리고 공식적으로 위반행위에 대응하는 처벌 체제가 사회를 구성하고 있는 요소들이다.

이와 같이 범죄는 한편으로는 범죄로 간주되는 모든 행동을 의미하는 동시에, 다른 한편으로는 행동들을 범죄로 규정짓는 모든 규범들과 관련되어 있다. 이 두 가지 기준은 서로 뒤얽힌 것처럼 보이긴 하지만 이 중 한 가지 기준으로만 범죄의 의미를 제한하는 것은 불가능하다. 범죄는 유동적이고 복잡한 국가적 과정을 거친 사회적 구성물이기 때문이다.

2_3 현대의 심리·법적psycho-legal 해석

범죄는 범죄와 법률, 행위와 주체 또는 범죄와 사회간의 복잡한 현실 관계 속에서 정의된다. 역사적으로 보았을 때, 중세시대에는 인간과 범죄와의 관계는 죄악의 개념으로 이해되었다. 범죄자를 죄악에 사로잡힌 자, 무지한 자, 혹은 악마에 홀린 미치광이로 여기고 교회는 이들을 이단자나 마녀로 몰아 화형 시켰다. 르네상스 시대에는 범죄자를 정서불안자나 사회 부적응자, 부랑아로 간주하고 비이성적인 미친 사람으로 내몰았다. 이 시대에는 사회 보호만이 유일한 목적이고 목표였다. 이 같은 이유에서 사회적 차원에서의 분리와 차별이 행해졌다.

탄압의 대상인 동시에 구제의 대상인 광인들은 환자로서 치료의 기회를 받은 것이 아니라 사회 부적응자로 감금되었다. 하지만 19세기 말에 이르러, 범죄자의 사회적 위치는 변환기를 맞이하게 되었다. 개념적으로 인간으로부터 질병을 독립적으로 분리시키면서(Foucault 1963) 범죄자는 경험론적 지식의 대상으로써 이해되기 시작하였다. 따라서, 범죄는 사회 현상으로 따로 분리되어 사회 지수로서 연구되었다. 특히, 최초로 정신병자들을 그들의 비참한 처지에서 해방시킨 피넬Pinel을 계기로 정신의학은 범죄 사실 자체에 초점을 맞추어 연구를 시작하였고 정신장애 범죄자들과 정신질환 증세를 갖고 있지 않은 '정상적인' 범죄자들을 분리하였다. 이러한 의미에서 정신의학은 범죄학을 다루는 이론을 제시하고 비 정신장애자 범죄인에 대한 접근을 시도하면서 범죄자를 행동에 책임을 지닌 주체로 인식하였다(Barte and Ostaptzeff 1992). 이에 따라 정신 장애로 인해 발생한 범죄 행동은 무귀책 원칙에 의해 처벌 대상에서 제외되었다. 범죄학자들이 생리·심리학적, 의료·인류학적 결정론에 관심의 초점을 맞추게 되면서, 범죄 행동은 이제 부차적 현상이자 장애의 결과물로 여겨지고 범죄자 자체를 기준으로 장애가 연구되었다. 이처럼 범죄자는 형법의 판결 대상을 넘어 인문과학의 연구대상으로 변모되었다. 따라서 사회학, 심리학, 정신분석학과 같은 다른 학문들도 범죄자의 사회적이면서 심리적인 재활을 위해서 범죄학 분야에 관심을 가지게 되었다.

심리학 분야에서는 범죄자의 인간성, 성격적 특성과 행위와의 관계를 분석하기 위한 노력이 이루어졌다. 정신분석학은 범죄행동의 의미들을 해석하여 범죄 행동을 현실적으로 규명하는데 기여하였고 이로 인해 범죄행동에 인격적인 의미가 부여되었다. 점진적으로 범죄현상을 설명하기 위한 범죄학 분야의 실질적인 학문과 지식이 구성되었고 이에 따라 다양한 이론과 모델, 유형론의 탄생을 위한 발판이 마련되었다. 이에 관련한 자세한 내용은 제 2장에서 다루게 될 것이다.

3 폭력

범죄 행동과 폭력 행동은 언제나 인류의 우려의 대상이 되어 왔다. 원시사회와 전통사회 속 신화를 통해서 그 당시에도 범죄와 폭력이 난무했던 사실을 확인할 수 있다. 이러한 의미에서, 폭력과 범죄가 인류 전반에 그 기원을 두고 있음을 알 수 있다. 심지어 프로이트는 인류 사회는 집단적 살인에 기반을 두고 형성되었다고 주장하였다(1912).

3_1 어원 및 폭력의 보편성

폭력적violent이라는 형용사는 '행동하는 힘'이라는 뜻을 가진 라틴어 vis에서 파생되었다. 이 단어의 복수 격인 vires는 vis를 행하기 위한 원천, 물리적인 힘이라는 뜻을 가지고 있다.

고대 로마의 정치가였던 키케로에 의해 그리스어 dunamis가 내포하고 있는 기술적인 가치가 라틴어로 번역된 vis는 '역동성, 에너지, 힘'이라는 의미뿐만 아니라 '덕, 가치, 풍부함, 어떤 사물이나 인간의 필수적 특징 또는 본질'이라는 의미를 지니게 되었다. 즉, vis는 생명력, 삶의 개념과 긴밀하게 연관되어 있다. 실제로 폭력violence의 어간은 모든 생명체의 '삶', 생명, 본성을 의미하는 그리스어 via와 라틴어 vita에서 파생되었다. 다시 말해, 본래 폭력은 다양한 모습과 강도로 모든 생명체 안에 필수적으로 내재되어 유전적으로 세습되는 것이라는 의미를 가지고 있다. 여기에는 공격성이나 증오, 분노, 죽음, 파괴의 의미는 전혀 들어있지 않다. 폭력과 삶에 대한 이 같은 해석은 정신분석학과 정신병리학에서도 동일하게 찾아볼 수 있다.

오이디푸스 신화에 대해 프로이트 이론과 상반된 입장을 가진 베르쥬레Bergeret(1984)는 공격성과 달리, 폭력은 본능의 왜곡된 형태로서 생존을 위해 존재한다는 심층적 폭력본능 가설을 주창하였다. 베르쥬레에 의하면, 폭력은 자연적이고 본능적이기 때문에 모든 인간은 태어나면서부터 생존과 자기보호의 본능과 밀접하게 연관되어 있는 폭력 본능을 가지고 있다. 소위 심층적 본능인 폭력은 그것 자체로는 타인에 대해 어떠한 폭력적 의도를 전혀 가지고 있지 않다. 폭력은 원초적이고 보편적이면서 분리 가능한 본능으로 인간뿐만 아니라 동물에게도 내제되어 있으며 단순한 생존과 정당 방위처럼 순수하게 보호의 목적으로 존재한다. 심지어 폭력이 행동으로 발현될 때조차도 타인을 학대하면서 희열을 느끼려는 의도는 전혀 갖고 있지 않으며 이는 공격성과 대조된다.

정상적인 운명에 의해 심층적 폭력은 점차 리비도의 단계로 통합된다. 오이디푸스 시기에 원초적인 금지를 경험함으로써 심층적 폭력의 에너지는 외부 대상으로 투여되고 창조력의 길을 열어준다. 반면, 오이디푸스적 구조화에 실패했을 경우에는 타인을 해하려는 욕망을 품게 된다. 이로써 폭력의 에로스화, 다시 말해 공격성이 탄생된다. 즉, 폭력은 그 자체로는 선한 것도 악한 것도 아니다. 모든 인간이 태어나는 그 순간부터 가지게 되는 자연적인 본능인 것이다. 폭력의 자연적인 본능 상태가 문제되는 것이 아니라, 긍정적으로든 우연히 공격성을 가지게 되었든 현실 속에서 폭력이 표출되었을 때가 문제되는 것이다.

범죄와 폭력 행동은 주체가 인간관계와 정신활동 속에서 심층적 폭력의 긍정적 통합을 이루지 못하고 병리적인 운명을 갖게 되면서 발생하는 것이다.

다음은 어떤 우연에 의해서 심층적인 폭력이 병리적 상태로 왜곡되는 지에 대해 다루게 될 것이다.

3_2 폭력의 정의

폭력의 어원과 기원을 통해, 폭력은 어디서든 쉽게 찾아볼 수 있는 사회 현상임에도 불구하고 개념적으로 정의하기가 쉽지는 않다는 것을 알 수 있다. 실제로 폭력이 가변적인 만큼 폭력에 대한 정의 역시 시대와 학자, 학문에 따라 유동적일 뿐만 아니라 폭력은 억압이나 폭행, 살인 등과 같이 다양한 사건들과도 연관되어 있기 때문에 정확한 정의를 내리기가 까다롭다.

일반적 의미

폭력의 의미는 다양하다. 현대 사전에서는 폭력을 격렬하거나 파괴적인 힘 또는 상태로 정의하고 있다(예를 들어, 프랑스에서는 날씨나 충격, 성격, 열정의 격렬함을 표현할 때 violence를 사용한다). 넓게는, 과도한 힘, 박력의 의미를 가지고 있다(격한 말violence d' une expression이라는 프랑스어 표현을 예로 들 수 있다). 또한, 폭력은 자신의 의도를 상대방에게 강요할 목적으로 힘을 남용하는 것으로 화해나 대화와는 대립적이면서 법에 위배되는 행동으로도 해석된다.

그 중에서 폭력의 가장 일반적인 정의는 '타인에게 행하는 물리적인 힘' 이자, 누군가에게 무엇인가를 강요하고 복종시키기 위해서 힘을 남용하는 것으로 주로, '누군가를 폭행하다' 라는 표현으로 사용된다.

따라서 폭력이라는 단어는 독특하게도 폭행의 상태(힘의 강도)와 행위(힘의 사용) 자체뿐만 아니라 그와 관련된 가치(타인에게 끼친 피해)의 의미까지도 포함하고 있다.

법적 의미

법적으로 더 자세하고 정확하게 폭력을 규정하기 위한 노력이 계속되고 있으며 현재로서는 '타인에게 다소간의 심각한 외상 및 정신적 피해를 입힌 가해자의 공격과 가혹행위' 로 해석되고 있다.

프랑스의 신형법(제 2편 1장, 의지행동)은 폭력에 대한 222-7조에서 222-16조까지와 위협에 대한 222-17, 18조에서 폭력 행위의 총체적인 의미를 타인의 안위에 위협을 가하는 범법행위로 규정하고 있다(Michaud 1986).

일반적으로 폭력은 물리력의 행사에 뒤이은 지속적인 신체적 훼손과 관련되어 있지만 모든 폭력이 반드시 '상해' 로 연결되는 것은 아니다. 위험성이 덜한 '난폭행위' 도 폭력행위에 포함되며 타인의 신체 부위를 움켜쥐거나 타인을 위협하고 욕하는 등의 소위 '경미한' 폭력도 위경죄에 해당되어 처벌을 받는다.

폭력 행위는 그 자체로서 범죄가 되기도 하고 어떠한 범죄 상황이나 사건의 일부로 다루어지기도 한다.

사법상의 제재 기준이 더욱 확장되어 '타인에게 일방적으로 계약의 성립을 강제한 경우, 폭력행위로 규정한다'(민법 1112조). 이와 같은 부당한 압력과 두려움 때문에 계약 체결을 강요당한 경우에는 계약 또는 행위의 취소와 무효가 인정된다.

단, 엄격하게 제한된 조건 하에서 일부 폭력은 법적으로 허용되고 있는데 스포츠와 외과학, 치안유지의 범위 내에서 사용되는 폭력 등이 해당된다. 폭력을 좀 더 정확하게 규정하려는 법적인 노력에도 불구하고 사람의 신체적인 안위뿐만 아니라 정신적인 안위에 대한 정확한 기준 정립이 어려운 만큼 폭력에 대한 법적인 접근 또한 절대적인 가치를 갖고 있다고 보기는 힘들다.

고정적 의미

범죄와 마찬가지로 폭력을 이해하는 것 역시 그 시대와 사회, 그룹의 기준과 가치에 영향을 받는다. 폭력은 일반적인 상황이나 법률적인 문제와 관련되어 부정적인 의미를 가질 수도 있고 긍정적인 의미로 해석되기도 한다. 그 기준은 제도적일 수도 있고 법적이거나 문화적, 개인적일 수도 있다. 폭력은 예측 불가능한 혼돈과 무질서의 위협을 동반한다. 범죄의 개념과 마찬가지로 폭력행동 역시 사회 규범에 위반되는 범법 행위의 의미를 가지고 있다. 따라서 폭력 행동에 대해서 말할 때 사건과 그 사건을 이해하는 방법을 분리해서 생각할 수가 없다. 결국, 폭력 행위에 보편적인 정의를 내리는 것은 불가능하다고 볼 수 있다. 하지만 문학 작품 속에서 나타난 폭력에 관한 여러 정의들 가운에 미쇼Michaud의 표현(1986)이 눈길을 끈다: '상호작용 속에서 한 명 혹은 다수의 행위자들이 직접 혹은 간접적으로, 순간 혹은 단계적으로, 한 명 혹은 다수의 타인에게 그들의 신체·정신적 안위, 소유물, 상징적·문화적 참여에 다양한 강도로 침해 행위를 행사할 때 폭력이 존재한다'.

이와 같이, 폭력에 대한 일반적인 정의에는 폭력 행동이 발생한 상황뿐만 유발한 결과도 함께 포함된다. 따라서, 신체적, 경제적, 도덕적 형태의 폭력을 포함해, 타인을 해치려는 욕구, 쾌감과 같이 왜곡되고 병리적인 형태를 띠는 폭력의 심리적인 측면이 고려된다. 뿐만 아니라, 폭력 현상을 분석할 때 간과할 위험이 있는 세가지 요소 즉, 행위자, 피해자, 상황도 함께 고려하기 위해서는 폭력 행동을 유기적으로 구성하고 있는 상호작용의 개념에 대한 정의 역시 필수적이다.

3_3 폭력의 다양한 형태

폭력 행동은 다양한 형태로 표출되지만 타인의 안위를 침해하는 불법 행위라는 의미에서 언제나 심리적인 문제를 내포하고 있다는 사실을 기억해두어야 한다. 폭력의 형태는 다음과 같이 분류될 수 있다.

- 신체적 폭력 : 타인의 신체적 안위에 가하는 폭력. 예를 들어, 타격, 습격, 신체적 가해 행위, 무기 혹은 다른 물체를 사용하였거나 사용하지 않은 살인 등.

- 언어 폭력 : 대화의 내용이나 대화 방법 혹은 신체적 폭행의 위협, 보복위협. 예를 들어, 협박, 희롱, 모욕 등.
- 정신적 폭력 : 자존감이나 정체성과 같은 타인의 심리적 혹은 정신적 안위에 가하는 폭력. 예를 들어, 협박, 모욕, 희롱 등.
- 성폭력 : 상대방의 의사에 반하여 강제적으로 가해지는 성적 행위로 상대방에게 본인의 성적 욕구를 강요하거나 폭력적으로 성관계를 맺는 행위. 예를 들어, 강간 및 성적 접촉행위.
- 물질적 폭력 : 감정적 가치가 투여된 재물 및 재산을 부당하게 파괴하는 행위. 예를 들어, 파손 및 절도, 강도.
- 경제적, 사회적 폭력 : 금융조작(금융사기, 부당해고) 및 모든 종류의 차별(인종, 문화, 종교, 성 차별).

위의 분류법이 모든 폭력을 망라하고 법적으로 완벽하게 규정된 것은 아니지만 행위의 심각성 정도에 따라 법의 심판을 받고 처벌을 받아야 하는 폭력 행위의 다양한 형태들을 명백하게 포함하고 있다. 결국, 폭력행위 자체가 범죄의 형태(고문, 난폭행위)가 되기도 하고 범죄의 구성요소(무장강도)로 존재하기도 한다. 결론적으로 범죄·폭력 행동은 다양하게 분화된 심리·정신적 활동에 해당하며 따라서 범죄를 행한 각각의 주체에 따라 고유하고 특수하게 발생한다(cf. 제 3장)는 것을 명심해야 한다. 뿐만 아니라 위와 같은 분류법이 폭력이라는 행위를 정의하고는 있지만 피해자의 감정은 고려하지 못하고 있다는 사실도 기억해야 한다. 예를 들어, 고용주가 충분한 기술지원을 해주지 않거나 그 문제에 무관심할 경우, 이것이 직원들에게는 폭력적으로 느껴질 수가 있다.

제2장

범죄에 대한 이론적 접근

Approches Théoriques De la Délinquance

192

범죄·폭력 현상은 19세기 후반에 이르러서야 경험론적 사실로 간주되면서 과학적 이론을 근거로 분석되기 시작하였다. 그 이전의 범죄학은 철학적 공론을 바탕으로 한 이론분석에 지나지 않았다. 과학적 범죄학의 발전 과정은 이론적 접근 방법의 변화 추이에 따라 두 시기로 나뉘어 진다.

- 1850년부터 1940년까지는 '고전' 범죄학으로 분류되며, 이 시기는 주로 범죄의 병인론에 중점을 두었다.
- 1940년 이후부터 현재까지는 '현대' 범죄학의 시기로, 범죄자의 인격, 행동이행의 역학, 사회 환경의 역할에 관한 연구가 중심을 이루고 있다.

범죄와 폭력에 대한 다양한 해석과 설명이 등장하면서 범죄학 이론 내부에서도 거대한 분열이 일어나게 되었다. 물론 이는 다양화된 사회 현상에서 비롯된 결과로도 볼 수 있겠지만 무엇보다도 사회학뿐만 아니라 심리학, 정신의학, 정신분석학, 법학, 생물학 등 여러 학문을 아우르는 범죄학의 다학문적 성격과 깊이 관련되어 있다.

이번 2장에서 다양한 이론들을 소개하기에 앞서, 범죄·폭력 현상과 관련된 수많은 이론들을 모두 소개할 것인가 아니면 모든 이론이 각각의 특징을 갖고 있는 만큼 그 중에서 가장 의미 있는 것만을 선택해서 소개할 것인가의 딜레마에 부딪히게 되었다. 결국, 이론의 방대한 양과 이론들 간의 이질성으로부터 발생할 수 있는 혼돈을 피하기 위해서, 이번 장에서는 각각의 주제 즉, '범죄 당사자, 사회적 행위자로서의 범죄자, 범죄 행동, 정신적 주체로서의 범죄자' 에 따라 분류하기로 하였다.

이론들이 분산되어 있는 것처럼 보일 수도 있겠으나, 접근·해석·분석·이해의 방식을 우선적으로 하여 기본방향(범죄자, 사회적 행위자, 범죄 행동, 정신적 주체)에 따라 새로운 방식으로 정리하였다.

1 범죄자

범죄의 당사자인 '범죄자'에 초점을 맞춘 이론들은 주로 범죄자의 인격을 중심으로 범죄·폭력 현상을 해석하고 그 원인을 분석하고 있다. 따라서 비범죄자와 구별되는 범죄자의 특징들에 대한 연구가 주를 이룬다. 이를 위해, 범죄자의 인격에 내재되어 있는 인류학적, 생물학적, 생리학적, 심리학적, 정신발생학적, 사회학적, 실존적인 요소들을 중심으로 하여 다양한 접근 방법들이 연구되었다. 이러한 연구의 목적은 다양한 타입의 범죄자들(우발적 범죄인, 상습적 범죄인, 중범죄인 등)과 다양한 인격의 범죄자들(생래적 범죄인, 정신이상 범죄인, 범죄적 인격, 정신분열적 인격 등)의 프로필과 유형론, 분류법을 구상하고 제안하는 데 있다.

1_1 롬브로조의 인류학적 이론

범죄학은 체사레 롬브로조Cesare Lombroso (1835~1909)의 연구와 함께 결정적인 변환기를 맞이하게 되었다. 군의관이자 법의학 교수였던 롬브로조는 1876년에 <범죄인론L'uomo delinquente>을 출판하였다(프랑스에서는 1887년에 <L'Homme criminel>이란 제목으로 출판되었다). 저서를 통해 나타난 그의 독특한 접근법뿐만 아니라 그의 이론이 불러일으킨 큰 반향은 범죄학이 하나의 독립된 분야로 탄생하는 결정적인 계기가 되었다. 롬브로조는 그 시대의 특징적인 가설과 이론들을 종합하여 다음의 세 가지 근거를 바탕으로 자신의 이론을 성립하였다.

- 범죄와 해부학과 생리학적 특징 간의 관계를 밝혀내려 했던 델라 포르타Della Porta, 라바터Lavater, 갈Gall, 브와쟁Voisin, 로베르뉴Lauvergne의 연구를 바탕으로 한 의료인류학.
- 비정상인이나 다름없는 범죄자는 스스로 일탈적 증상을 갖고 있다는 가설을 주장한 피넬, 카바니스Cavanis, 에스퀴롤Esquirol, 조르제Georget의 정신의학 연구(18세기 말과 19세기 초반).
- 범죄의 유전적 특성과 격세유전의 중요성을 강조한 다윈의 이론과 모렐Morel과 프로스퍼 루카스Prosper Lucas의 해석.

실증적이고 결정론적인 사고방식의 롬브로조는 범죄를 그저 추상적인 증상으로 간주하고, 범죄의 주체, 즉 범죄자 연구에 집중하였다. 그는 범죄자의 육체적, 생리적, 심리적 구성요소가 범죄에 영향을 미친다고 생각하였다.

이러한 해석과 임상 실험을 통해 롬브로조는 '범죄인 유형'(그의 제자 페리Ferri는 '생래적 범죄자' 으로 지칭하였다)을 정리하였다. 그는 격세유전적인 비정상성을 근거로 범죄자와 정상인을 분류하였다. 그는 범죄자의 비정상성을 진화 사슬에서 영장류에 근접한 원시인 상태로의 퇴화로 여겼다. 그리고 신체적 특징(상대적으로 작은 두개골, 큰 턱, 높은 광대뼈, 매우 긴 팔, '야만인' 처럼 일반적인 통증에의 무감각 등)과 성격적 특징(동정심의 부재 및 무감각, 충동성, 이기주의, 잔인함, 허영심 등)을 정리하였다. 그의 연구를 둘러싸고

격렬한 논쟁이 벌어지자, 롬브로조는 저서의 개정판들을 통해 자신의 이론을 수정해 나가면서 생래적 범죄인뿐만 아니라 감정적 범죄인, 간질성 범죄인, 격정 범죄인, 정신이상 범죄인, 우발적 범죄인에 대한 분석도 추가하였다. 여기서 우리는 그 시대의 범죄 행위에 대한 모든 이론을 통합하려 했던 그의 노력을 엿볼 수 있다(Mucchielli 1994).

롬브로조 이론의 접근법은 범죄학 연구와 관련하여 큰 반향을 일으키고 범죄자 연구에서 실험적인 접근 방법을 도입했다는 점에서 의미가 있다. 실제로, 롬브로조는 5,907명의 범죄자들을 조사하고 383명의 두개골을 해부하였다(Gassin 1998).

그의 이론에 대해 수많은 비판이 존재하지만 일부 주요 학자들만 소개해보자면 먼저, 타르드Tarde(1886)는 롬브로조의 이론에 대해 가장 많은 이의를 제기했던 학자들 중 한 명으로, 롬브로조가 범죄의 상대주의적 성격을 간과했다고 비난하였다. 실제로, 한 국가와 한 시대에서는 범죄로 간주되는 행위가 다른 국가와 다른 시대에서는 그렇지 않은 경우가 있다(Cusson 1998). 영국 의사 고링Goring은 영국 죄수들과 시민들을 대상으로 한 37개의 신체적 특징과 6가지 성격적 특징에 대한 비교연구를 통해 롬브로조의 이론을 비판하였다.

연구 결과, 고링은 키와 몸무게, 지능지수를 제외하고는 신체적 특징이나 두개골 형태와 관련하여 범죄자과 비범죄자 사이에는 큰 차이점이 존재하지 않는다고 결론지었다. 라파엘레 가라팔로Raffaele Garafalo와 엔리코 페리Enrico Ferri와 같은 이탈리아 실증주의 학파를 제외한 일부 학자들은 롬브로조가 범죄의 사회적 요소를 충분히 고려하지 않았다고 비판했다.

1_2 페리의 다요인적 이론

롬브로조의 동료인 페리Ferri(1856~1929)는 롬브로조의 생물학적 결정론을 옹호하였지만 거기에 그치지 않고 다른 학자들과 함께 최초로 범죄에 작용하는 요인들의 다양성을 주장하고 결정주의식 해석을 사회적 요인으로까지 확대하였다. 범죄학자이자 정치가였던 페리는 범죄자 개인에 따라 다양하게 혼합된 범죄유발 요인들에 의해서 범죄가 발생한다고 보았다(Gassin 1998). 페리는 범죄유발의 내적 요인과 외적 요인을 다음의 세가지로 분류하였다.

- 첫 번째는 **인류학적 요인**[주1)]으로, 범죄자의 생체 구조, 신체 구조 및 성, 나이 등과 같은 개인의 특성과 관련된 내적 요인을 의미한다.
- 두 번째 물리적 환경 요인은 기후, 계절, 온도, 토질, 농산물 등과 같은 외적 요인에 해당된다.
- 마지막으로 사회적 환경 요인은 인구밀도, 여론, 종교적 상황, 가족 구성, 교육 시스템, 공산품, 알코올 중독, 경제·정치 단체 등과 같은 생활환경과 관련된 외적 요인이다.

페리의 이 같은 접근법은 범죄유발 요인에 사회적 요소를 포함시켰을 뿐만 아니라 범죄자들 가운데 수적으로 가장 많은 부분을 차지하고 있는 우발적 범죄인을 분류해 내는데 크게 기여하였다.

그 후, 범죄자의 도덕적 책임과 자유의지를 주장하는 고전주의 이론에 반대 입장이었던 페리의 위치는 이탈리아 내에서 범죄와 범죄자

역주1) 여기서의 인류학적 요인은 사회학 이론의 범주에 해당되는 것이 아니라, 해부학적, 생리학적 요인을 고려한 오늘날의 범죄 생물학에 해당한다.

를 이해하는데 큰 영향을 미치게 되었다. 그는 범죄자에게 선과 악 사이에서 선택을 할 수 있는 능력이 결여되어 있다고 보았다. 따라서 범죄자의 죄와 자유의지를 기반으로 한 형벌보다는 범죄자가 사회에 끼친 해악과 사회적 책임을 기준으로 형사책임을 물어야 한다고 주장하였다. 이 같은 논리는 사회의 예방 정책과 억압 정책의 조화를 통한 범죄 해결의 필요성을 이끌어내었다.

페리의 이론을 자세히 분석해 보면 수많은 한계점이 발견된다. 하지만 그는 범죄자가 가지고 있는 다양한 요인들을 해석하여 범죄행위의 복합성을 밝혀냈을 뿐만 아니라 범죄자에 대한 형사 처벌을 개별화시키면서 사회적 대응을 적정화 시켰다는 업적을 가지고 있다. 그 결과, 다양한 해석의 범위를 고려한 현대 이론으로 발전해나갈 수 있는 발판이 마련되었다.

1_3 생물·심리학적 이론

롬브로조의 이론에 대해서는 수많은 논란의 여지가 있지만 생물학과 유전공학 분야에서 그의 일부 이론들은 여전히 중요한 위치를 차지하고 있다. 생물·심리학적 해석은 범죄자가 가지고 있는 생물학적 결정인자의 존재를 증명하는 연구 방법으로 사회와 생활 환경이 다소 중요한 역할을 한다는 점을 인정하면서도 범죄자의 기질을 밝히고 분석하는 역할을 담당한다.

고전주의

프랑스 정신의학자 뒤프레Dupre(1912)는 본능(생존 본능, 번식 본능, 군집 본능)의 우위를 내세우며 본능의 비정상화로 인해 개인이 도착적으로 변하게 되고 이것의 발현물 중 하나로써 범죄행위가 나타난다고 보았다(Pinatel 1987).

그 후, 1930년대에는 그라츠Graz와 렌츠Lenz와 같은 학자들이 특수 유전(유전적 요인들-유전 가능한-과 체질적 측면들-생물학적 유산의 의미에서-을 혼돈해서는 안 된다고 강조하였다)보다는 법규와 규율의 위반을 조장하는 일반 유전의 중요성을 강조하였다(Pinatel 1987). 킨버그Kinberg(1961)는 주변 자극에 대한 반응은 인격의 생물학적 구조에 의해 결정되고 이러한 반응이 개인을 범죄자로 이끈다는 주변자극 반응이론을 주장하였다. 이 같은 견해는 생물학직 체질과 범죄활동 간의 상호관계를 강조한 체질 유형학파bio-typologie의 이론과 일치한다(Gassin 1998). 디 툴리오Di Tullio는 선천적인 요소와 유아기 동안 습득한 후천적 요소가 함께 혼합되어 인격을 형성한다는 이론을 제안하였다. 그에 따르면, 생물학적 요소와 심리학적 요소가 상호작용하여 범죄인 체질constitution délinquantielle을 형성하는데 이로 인해 개인은 주변의 유혹에 저항할 수 있을 만큼 충분한 범죄 한계선seuil délinquantiel을 갖추지 못한다는 것이다. 이와 같이 생물학적 요소와 심리학적 요소를 동일 선상에 둔 관점은 범죄 주체에 대한 통합적인 이해의 중요성을 상기시켜 주었다. 결국, 디 툴리오는 범죄학에서 생물학적 요소가 심리적 요소나 사회 환경보다 우위를 차지한다는 동료들의 이론에서 분리되었다.

근대주의

20세기 후반부터 생물학과 심리학 간의 상호작용을 강조하는 이론들이 등장하기 시작하였는데 그 중 하나가 앙리 라보리Henri Laborit (1970)의 이론이다. 라보리는 생물학적 인간이자 사회적 인간인 개인의 구성요소들간의 대립을 통해 불안감이 생기고, 이 불안감이 공격성으로 표출되면서 범죄행동으로 이어진다고 보았다. 몇 년 후, 이론을 재정립한 라보리는 공격성의 선천성이 사회적 행동을 설명하는데 있어 과대평가되고 있다고 주장하며, 공격성은 인간의 본질에 속해있지 않는 듯하다고 덧붙였다. 글룩크 부부Glueck & Glueck (1974)는 각각 500명의 비행소년군과 정상 소년군 간의 비교연구를 통하여 범죄는 생물학적 혹은 사회·문화적 인과관계에만 관련되어 있는 것이 아니라 신체적·지적·사회문화적 영향력 간의 상호작용과도 연관되어 있다는 것을 밝혀내었다. 점차 생물학적 요인과 범죄와의 직접적인 연관관계를 증명하는 것이 어려워짐에 따라 유전이론의 영향력은 축소되었고, 결국 사회·환경·심리적 요인들을 무시하고 범죄 현상을 이해하기에는 한계가 있다는 것이 명백해졌다.

현대주의

유전과 범죄와의 연관관계를 밝혀내기 위한 학자들의 노력은 자연히 유전공학 분야의 발전된 지식의 활용으로 이어졌다.

최근에는 염색체 이상과 범죄발생 간의 실질적인 인과 관계에 대한 의문이 제기되었다(Albernhe 1997). 1960년대에, Y염색체가 추가된 <범죄 염색체(남자의 경우, XYY 또는 XYYY)>의 발견을 계기로 이상 유전인

자와 범죄 성향과의 연관성을 밝히려는 시도가 처음으로 이루어졌다(Karli 1987). 1993년에는 <범죄 유전자>라는 모노아민 산화효소 A(monoamine oxydase A)가 발견되었는데, 이 유전자는 X염색체의 변이로 인해 활성화된다(Carlier 1997). 하지만 이러한 이상 유전인자와 폭력성을 연관 지으려는 연구들에 대한 과학적인 신뢰도는 환경적인 범죄유발 요인들이 발견되면서 그 한계를 드러내었다.

동일한 관점의 다른 연구로, 이란성 쌍생아와 일란성 쌍생아(Hollin 1989, Lyons et coll. 1995) 또는 입양아들 간의 비교연구를 통해 범죄의 유전적 연관성을 통계적으로 정리하려는 시도가 있었다. 이러한 연구들이 흥미롭기는 하지만 '유전형질'과 '범죄학적 분석' 간의 상관관계가 일반인을 대상으로 어떠한 추론도 정당화시킬 수는 없다는 점을 명심해야 한다.

칼리에Carlier(1997)에 따르면, 어느 한 학회에서 미국 행동 유전학협회 대표인 글레이드 위트니Glayde Withney는 "미국 도시들을 살펴보았을 때, 한 도시 내에서의 범죄 발생율과 흑인 주민 비율 간에는 높은 상관관계가 존재한다는 것을 발견할 수 있습니다 (…) 하지만 환경 이론으로는 이러한 상관 관계를 해석할 수가 없습니다 (…) 따라서, 우리는 유전적 차이의 존재를 인정하고 이 주제에 대한 연구를 시작해야 할 때입니다." 라고 연설하였다(1995). 그의 발언은 유전이론이 외국인 혐오증이나 우생학적 이데올로기로 잘못 왜곡되었을 때 얼마나 위험한 오해를 불러일으킬 수 있는 지를 잘 보여주고 있다.

과학 이론의 실패와 환경적인 측면을 고려해야 할 필요성으로 인해 범죄학자들은 범죄자의 심리학적 요인에 대한 연구에 집중하게 되었다. 비록 공격성의 유전 요인에 대한 연구가 다요소적 이론(사회·환경적 요인 및 인격, 기질과 유전적 요인이 결합)안에 통합되기는 했지만 장애의 표현 요소로서의 공격성에 대한 유전적 연구는 여전히 중요한 현안으로 남아있다 (cf. 행동 장애에 대한 프랑스 국립보건의학연구소 Inserm 보고서, 2005). 유전 이론은 논란의 여지가 있을 뿐만 아니라 범죄를 결정론적 시각으로 성급하게 해석하고 범죄를 행동장애로 축소시킴으로써 범죄자를 병리화시킬 위험이 크다. 생리·생물·물리학적 특징이 무엇이든 간에, 범죄 행동이 심리적, 환경적 프리즘에 영향을 받는다는 사실은 명백하다. 따라서, 범죄 행동은 심리·사회·교육의 일환으로 고려되어야 함은 물론이며, 보완적으로 의학적 치료가 동반되어야 한다.

1_4 심리학적 이론

장 피나텔Jean Pinatel은 프랑스에서 범죄자의 심리학적 특성 연구에 선구자적인 역할을 하였다. 그는 범죄자와 비범죄자의 본성 간에는 큰 차이가 존재하지 않고, 다만 정도의 차이만이 존재할 뿐이라고 주장하고 '인격의 주요핵심' 의 존재에 근거한 이론을 제시하였다(Cusson 1998). 그는 범죄자와 비범죄자를 구분할 뿐만 아니라 범죄자를 구별해낼 수 있는 네 가지 특성을 밝혀냈는데 즉, 자기 중심성, 불안정성, 공격성, 정동적 무관심이다.

범죄의 경중은 범죄자가 이 네 가지 중 어느 한 가지 특성만 과도하게 가지고 있는지 혹은 네 가지 특성을 모두 고르게 갖추고 있는지에 따라 결정된다.

범죄를 임상적으로 이해하기 위해서 피나텔은 묘사 측면을 중시하고 범죄를 일으키기까지 일시적으로 영향을 끼친 상호작용에 대한 과정의 측면은 무시하였다. 파바르Favard(1985)는 범죄자 인격의 특성들을 밝혀내고 법적으로 유효하게 한 업적에도 불구하고 거기에 만족하지 않았다. 더 나아가, 범죄자의 인격과 생활 환경, 범행 전의 상황에 관한 연구를 바탕으로 파바르는 범죄 유형론을 작성하였다.

- 상습적인 강력범죄 : 범죄 발생에 있어 인격이 결정적인 원인으로 작용한 경우.
- 중·경범죄 : 당시 상황에 의해 범행을 저지르게 된 경우.
- 부적응 즉, 비범죄 : 범죄를 조장하는 생활 환경에 영향을 받은 경우.

피나텔과 파바르의 이론을 계승, 발전시킨 르블랑Le Blanc(1991)은 새로운 유형론을 발표하였다. 르블랑에 따르면, 개인은 범죄 이력을 쌓아감에 따라 점차 범죄인 유형으로 스스로를 구성하고 정착시켜버린다(Born 2003). 다음의 세 가지 역동적인 증상들이 범죄자 인격을 구성한다.

- 범죄인으로 뿌리내리기 : 범행의 활성화와 증가.
- 사회성 결핍의 지속 : 사회생활에의 부적응과 사교성 결핍.
- 극단적인 자기 중심주의 : 타인과 공감하는데 어려움을 가지고 있거나 타인과 어울리지 못해 발생하는 고립된 상태.

이러한 연구들은 프레셰트Frechette(1987)의 연구와 더불어 기술에만 치우친 범죄학에서 벗어나 범죄의 발생 과정에 영향을 끼친 다양한 요소들을 지적하였다.

르블랑(2001)은 범죄자의 특징을 강조한 것 외에도 제스네스Jesness와 아이젱크Eysenck가 제안한 등급을 함께 엮어서 MASPAQ 라는 프로그램을 개발하여 범죄자들 특유의 인격적 특성을 추적하였다. 그리고 본Born(2003)은 다음과 같은 상습적 범죄자의 몇 가지 일반적 특징들을 발견하였다.

- 현재주의 : 과거를 기억하고 미래를 예상할 수 있는 능력이 결핍된 상태를 의미하는 것으로 퀴송Cusson(1998)에 의해 사용되었다. 현재주의의 특성으로 인해 범죄자는 자신의 행동이 유발할 고통스러운 결과를 예측할 수가 없다.
- 지적 결핍 : 다양한 연구를 통해 범죄자들의 지적 능력의 한계가 드러났는데 특히 언어능력이 현저하게 낮은 것으로 나타났다. 상대적으로 낮은 지능으로 인해 범죄자는 유아기와 학창시절부터 사회적응에 어려움을 겪게 된다. 이러한 결핍 상태는 범행 유발과 유지에 유리한 환경을 조성한다(Born 2003). 특히 미성년 상습범들은 그들의 낮은 학업수준으로 인해 사회복귀 계획을 세우기 힘들기 때문에 상습적인 범행에 더욱 취약하다고 볼 수 있다.
- 자아의 이미지와 부정적인 정체성 : 몇몇 범죄자들의 인생과 학업, 사회 활동에서의 과거력을 살펴보면 그 동안에 다양한 우여곡절을 겪었었다는 사실을 발견할 수 있다. 이러한 여러 사고와 사건들을 통해서 스스로를 평가절하하게 되고 이는 사회적 낙인으로 인해 더욱 악화된다. 결국, 스스로 부정적인 정체성을 형성하면서 소외, 일탈적

행동, 공격성과 폭력을 기본으로 한 감정의 절정에 달하게 된다. 셀로스Selosse(1980)에 따르면 이러한 극도의 감정상태로 인해 개인은 비록 공공의 적이 되더라도 범죄자의 길을 택함으로써 사회 속에서 본인의 위치를 찾으려고 한다. 결국, 범죄자의 인격이 범죄유발 과정에서 핵심적인 위치를 차지하고 있는 것이다. 이러한 이론은 블라티에Blatier(2002)의 연구에 의해 뒷받침되었다. 블라티에는 상습적인 강력범죄에서 인격의 역할이 우위적인 위치를 차지하고 있다고 강조하였다.

이와 같은 심리학적 접근 방법은 문서 자료, 설문조사, 인격 테스트, 증언 등과 같은 다양한 출처를 근거로 범죄자의 행동과 인격적, 성격적 특성간의 관계를 밝혀냄에 따라 범죄자의 상태를 어느 정도 완벽하게 이해하였다. 심리학적 연구들은 범죄자의 인격을 환경과의 상호작용 측면에서 접근하긴 했지만 무엇보다 범죄자의 인격에 중점을 두었다는 공통점을 가지고 있다.

하지만 심리학적 이론에서 사용된 분류 방법은 특별한 상황, 예를 들어 모든 유형론에 해당되지 않는 교도소와 같은 특수한 상황은 간과했다는 한계를 가지고 있다. 그에 비해, 범죄자의 인격을 형성하는 핵심 요소를 더욱 깊이 이해하기 위해서 현상학적 이론은 범죄 연구에 새로운 방법을 제시해주었다.

1_5 현상학적 이론

빈스방거Binswanger를 비롯한 야스퍼스Jaspers, 민코브스키Minkowski의 현상학적 연구들을 통해 범죄학 이론의 지식이 새롭게 재정비 되었다. 현상학적 연구는 범죄자의 세계를 이해하고 범죄 발생의 구조적 계기를 파악하는데 목적을 두고 있으며, 범죄의 원인보다는 행위자의 경험과 삶을 밝혀내는데 초점을 맞추었다. 따라서 범죄자에 대한 정보가 연구의 핵심 자료가 된다. 정신의학과 정신병리학에서도 이와 동일한 방식이 사용된다(예를 들어, 정신분열병에 관한 빈스방거의 연구:1957).

드 그레프De Greeff의 연구로부터 영감을 받아 범죄자의 경험에 관심을 가지게 된 에나르Hesnard는 범죄 행동의 의미 연구를 근간으로 한 범죄 분석법을 제안하였다. 에나르는 '행동 자체의 의미와 행동을 계획하는 정신 상태의 의미, 범죄 유발요소들의 주관적인 진행 과정의 의미' 를 연구하였다(Hesnard 1963). 범죄 행동은 타자와의 관계 장애 즉, 관계의 분열로 인해 발생하며, 이는 타자와의 관계 복구를 가로막는 절대적인 자기 중심주의로 나타나게 된다. 드비스트Debuyst(1968)는 범죄를 다음의 두 가지로 분류하여 이해하였다.

- 신경증적 범죄는 '무의식 속에 저장되어 있는 과거의 사건들과 관련된 불분명한 이유들로 인해서 범죄자에게 강요된 범죄 행동' 이다. 이러한 신경증적 범죄는 정신사고의 활동을 감소시킨다(Casoni et Brunet 2003).
- 일반범죄는 범죄자가 선택적으로 체험한 대립과 충돌들의 연속적인 과정에 의해 발생한다(Casoni et Brunet 2003).

이 외에도 용크헤이러jonckheere, 키나블Kinable과 같은 학자들은 임상 현상학 특히, 경험적 사실과 위기의 개념에 근거한 연구를 진행하였다.

이와 같은 현상학적 연구 이론들은 행위자의 체험과 행동과의 관계에 주로 관심을 두고 있다. 이러한 관점은 주로 정신분석학적인 관점과 비교되고 결합되기도 한다. 현상학과 마찬가지로 정신분석적인 접근법도 범죄자의 행동의 의미를 분석하는데 적용된다.

1_6 정신 발생학적 이론

범행 과정의 통시적 측면을 고려하면서 심인적 증상발생에 대한 연구에 중점을 둔 범죄학 연구가 등장했다. 노엘 마이유Noël Mailloux(1971)는 피나텔의 해석과는 반대로, 상습적인 범죄자와 비범죄자 간에는 본성의 차이가 존재한다고 주장하였다. 그는 범죄를 인격 발달 과정의 실패로 간주하고, 유아기와 청소년기가 범죄행동 유발에 결정적인 역할을 한다고 보았다. 타협이 어렵고 정체성의 위기를 겪는 발달 단계인 유아기와 청소년기를 발병의 시기로 해석하여, 이 두 시기에서 범죄 행동의 원인을 찾았다. 그리고 이 시기에 부모와 교육의 결정적인 역할을 강조하였다. 교육의 역할이 지속적으로 실패할 경우, 주체는 안정감을 갖지 못하고 결국 범행을 저지르게 된다. 정신분석이론에 영향을 받은 정신 발생학적 이론은 범죄를 불균형 인격의 증상으로 이해하고, 그 원인을 범죄자의 유아기 와/또는 청소년기에서 찾으려 하였다.

무치엘리R. Mucchielli는 '인식하고 판단하고 느끼고 반응하고 영위하는 인간 관계의 방법'을 조건 짓는 '범죄적 의식 구조'와 '범죄적 정신 상태'가 존재한다고 주장했다. 그가 제시한 범죄자 유형은 사회 가치의 거부와 이기심, 부적응, 욕구불만에 대한 조급함, 공격성, 자기 주장, 죄의식 결여, 자기중심주의 등의 특징을 가지고 있다(Mucchielli 1963).

'범죄 인격'이 생성되는 원인을 이해하기 위해서는 아이들의 사회화 메커니즘에 대한 연구가 필수적이다. 스피츠Spitz의 연구를 바탕으로, 무치엘리는 신생아들이 생후 첫 1년 동안 겪게 되는 경험과 사건들이 인격 형성에 가장 결정적인 역할을 한다고 지적하였다.

정신발생학적 관점은 아이들의 사회심리적인 발달 과정 중 발병 시기에 초점을 맞추고 있다. 따라서 '범죄 인격' 형성에 대한 교육 환경과 부모의 영향력을 강조한다. 하지만 이러한 결정론적인 해석은 가족 환경과 교육 환경이 열악한 상태의 아이들에게는 회복에 대한 희망의 여지를 남기지 않고 비극적 숙명만을 암시해준다. 이와 같은 한계점은 범죄 행동의 원인에서 가족의 책임을 상대화시키는 통합적 접근방법에 의해 부분적으로 보완되었다.

1_7 통합적 혹은 생물·심리·사회학적 이론

이 이론의 목적은 범죄자의 상태를 완벽하게 이해하기 위해서 다양한 연구 분야에서 도출된 수많은 자료들을 통합하는데 있다. 특히, 서덜랜드Sutherland의 이론을 비롯한 일부 이론들의 한계점을 발견한 제프리

Jeffery(1957)는 생물·심리학적 구조가 범죄 발생에 미치는 영향력에 대해 처음으로 의구심을 가지고 생물학적 자료와 심리적인 자료를 사회학적 해석에 통합시켰다.

제프리는 범죄자의 사회화 과정의 실패로 인한 사회적 소외 때문에 범죄가 발생한다고 보았다. 그리고 이러한 실패의 원인을 심리적, 체질적, 사회학적 영역에서 찾았다.

좀 더 최근 연구로는 여성들의 범죄성에 대한 차별연구를 진행한 카리오Cario(1992)의 연구를 들 수 있다. 카리오는 생물학적 관점(라보리Laborit의 연구를 참고로 한 공격성의 신경생리학적 메커니즘)과 심리학적 관점(범죄인격 이론을 기반으로 한 인격 형성과 강화의 특징), 사회학적 관점(차별적 사회역할)과 같은 세 가지 관점에서 범죄성을 분석하였다. 그는 피나텔의 범죄인격 이론의 발견적이고 실용적인 가치를 테스트해보았다. 그 결과, 범죄자와 비범죄자의 본성은 차이가 없으며 여성 범죄자는 근본적으로 남성 범죄자와 다르지 않다고 결론지었다(1992). 복잡한 분석법과 이론 정립이 발견의 범위를 제한할 수는 있지만, 범죄자의 상태를 포괄적으로 이해하고 있을 뿐만 아니라 다양한 범죄 유형을 연구한다는 점에서 생물·심리·사회학적 접근법은 실질적인 의미가 있다.

2 범죄 행위자

'행위자'에 초점을 맞춘 이론들은 주로 사회학적 관점을 채택하여 범죄를 복잡한 사회 현상으로, 범죄자를 사회적 행위자로 해석한다. 따라서, 이 관점에서는 범죄의 사회적 측면과 범죄의 외부요인인 사회환경(국가, 사회, 문화, 가족, 경제적?사회적 조건, 사회문화적 계급 등), 그룹, 개인, 사회 역할 간의 상호작용뿐만 아니라 일탈, 낙인, 규제, 사회통제, 사회반응 등의 사회적 개념에 의해 범죄가 평가되는 과정 등을 대상으로 한다.

사회적·경제적·문화적 환경의 영향력은 언제나 범죄학 연구에서 중요한 위치를 차지해 왔고 이는 자연스럽게 범죄가 선천적이냐 후천적이냐의 반복적인 질문으로 이어졌다.

사회학적 접근과 심리·사회학적 접근을 통해서 사회와 그 안에 동화되려는 개인 간의 상호작용이 명백하게 드러났고 주체와 사회가 범죄·폭력 행동에서 차지하고 있는 각각의 위치에 대해 의문을 갖게 되었다. 이번에 간략하게 소개하려는 범죄에 대한 다양한 접근이 모든 이론을 망라하고 있지는 않지만 독자들이 현대 이론과 모델을 이해하는데 필수적인 기준들을 제시해 줄 것이다.

2_1 프랑스·벨기에 학파의 사회 환경 이론

사회학적 이론들은 사건의 원인을 다양한 영역 특히, 그 시대의 정치적·사회적 환경에서 찾는다. 이러한 접근법은 모든 과학적 이론에 해당되지만 특히 범죄학 이론에서 더욱 큰 의미를 가진다. 해당학파들을 차례로 나열해보면, 지도·지리 학파, 사회주의 학파, 사회환경 학파, 상호심리 학파 그리고 뒤르켐의 사회학파가 있다. 이 같은 학파들을 통틀어 일반적으로 사회환경에 관한 프랑스·벨기에 학파라는 명칭으로 통합된다(Gassin 1998).

지도·지리 학파

이 학파의 주역은 벨기에 수학자인 랑베르 케틀레Lambert Adolphe Jacques Quetelet(1796~1894)와 프랑스 법학가인 앙드레 미셸 게리André-Michel Guerry(1802~1866)이다. 이 두 통계학자는 1825년에서 1830년까지 이 프랑스의 다양한 일반 보고지료에서 범죄 통계를 발견하고, 특히 피고인과 관련된 통계에 특별한 관심을 갖게 되었다. 그리고 범죄행위에 규칙성이 존재한다는 것을 발견하였다. 즉, 더운 계절과 남부 지역에서는 대인범죄가 많이 발생하고 추운 계절과 북부지방에서는 대물범죄가 많이 발생한다는 것이다. 이것이 '범죄성의 기온 법칙' 이다(Gassin 1998). 이 이론은 자연현상과 마찬가지로 인간의 행동 또한 일정한 규칙을 따르고 있다고 강조하며, 범죄성은 우연적인 현상이 아님을 주장한다. 지리학적 이론은 19세기에 많은 발전을 이루었지만 롬브로조 이론의 등장으로 인해 서서히 잊혀지게 되었다.

사회주의 학파

사회주의 학파는 마르크스와 엥겔스 의 이데올로기에 이론적 기반을 두고 있지만 범죄의 사회적 원인을 밝히는 데는 상대적으로 두 학자가 거의 인용되지 않았다. 사회주의 학파는 범죄자의 경제조건과 범죄성 간의 상관관계를 밝혀내는 데 목적을 두고 있다. 마르크스주의 학설은 여러 다른 사회적 모순들과 마찬가지로 범죄성 또한 자본주의의 폐해로 보았다. 범죄성은 사회의 부당함에 대한 반발이며 이는 프롤레타리아 집단의 범죄율이 높다는 사실을 통해 잘 드러난다고 주장하였다(Gassin 1998). 사회주의 공동체만이 범죄성을 줄이기 위한 실질적인 해결안이며 일부 특수한 범죄는 정신장애로 인해 발생한다고 덧붙였다.

사회환경 학파

사회환경 학파는 프랑스 리옹 대학의 법의학 교수인 알렉상드르 라카산뉴Alexandre Lacassagne(1843~1924)에 의해 탄생하였다. 라카산뉴를 중심으로 구성된 리옹학파는 '현대 과학을 이용하여 사회 문제들을 명확하게 밝혀내는 것' 을 목표로 하였다(Mucchielli 1994). 라카산뉴는 범죄의 원인으로 사회 환경의 지배적이고 절대적인 영향력을 강조하였다.

사회 환경을 범죄현상의 결정적인 원인으로 간주하는 그의 이론은 롬브로조의 생물학적 원인론과는 대립된다는 점에서 결정적인 역할을 하였다. 사회환경 학파는 범죄의 사회적 측면뿐만 아니라 경제적 측면에도 관심을 가졌다.

> 라카산뉴는 다음의 유명한 문구를 통해 자신의 이론을 명확히 드러내었다. "모든 사회에는 그 사회에 알맞은 범죄자들만이 존재하기 마련이다." "사회 환경은 범죄를 배양하는 용기이고, 범죄자는 자신을 발효시킬 용기를 찾아 다니는 미생물이다."

롬브로조와 마찬가지로 라카산뉴도 각각의 범죄자 유형에 따라 적절한 형벌을 부과해야 한다고 주장하며, 범죄자를 다음의 세 가지로 분류하였다(Mucchielli 1994).

- 감정적 또는 본능적 범죄인은 '진짜 범죄자' 들로 '교화가 불가능' 하다.
- 행동형 범죄인은 격정적 또는 우발적으로 범죄를 저지르며 이들에게는 형벌이 부과될 수 있다.
- '사고형' 범죄인은 '정신이상 범죄인' 으로 그 원인은 유전적일 수도 있고 후천적일 수도 있다.

처음으로 현대범죄학에 실질적인 반향을 가져온 사회환경 학파의 이론은 범죄의 사회적 측면에만 주목하고 범죄의 개별적 측면은 간과했다는 한계를 가지고 있다. 실제로, 사회환경 학파는 사회 환경이 범죄자의 인격에 어떻게 영향을 미칠 수 있는 지에 대해서는 설명해주지 못했다.

상호심리 학파

프랑스 사법관이자 범죄학자인 가브리엘 타르드Gabriel Tarde(1843~1904)

에 의해 범죄학에 대한 상호심리학적 접근법이 등장하였다. 타르드는 사회적 관계는 모방의 지배를 받는 개인 상호간의 관계일 뿐이며, 사회적 삶은 모방에 의해 조직되고 발전한다고 주장하였다(Gassin 1998). 타르드에 따르면, 개인들은 사회가 수용한 관습에 따라 행동한다. 예를 들어, 한 사람이 절도나 살인을 저질렀다면, 그는 단지 누군가를 모방했을 뿐이다. 즉, 사회적 삶은 모방과 창조, 이 두 가지 메커니즘에 의해서 유지된다. 타르드의 정의에 의하면, 모방은 기본적인 사회현상이다. 반면, 창조자는 창조의 도구를 사회에서 빌려와야 하기 때문에 창조는 기본적인 사회적응이다. 모든 창조물은 앞으로 모방될 운명을 가지고 있으며, 그 효력에 의해 사회적 현상이 된다.

결국, 타르드의 관점에서는 사회의 모든 요소가 개인 상호적 관계로 축소되고 사회학은 상호심리학의 일환으로 간주된다. 타르드는 '범죄의 직업적 유형' 의 존재이론 외에 다른 연구는 하지 않고, 자신의 간행물들을 통해 다른 학자들의 연구에 대한 매우 적절한 논평을 발표하였다(Mucchielli 1994).

뒤르켐의 사회학파

에밀 뒤르켐Emile Durkheim(1858~1917)의 사회학파는 최초로 범죄행동과 사회구조와의 결합을 시도하였다. 뒤르켐은 범죄에 대해 자주 언급하긴 했지만 사회학적 관점으로 범죄성에 대해 정확히 연구하지는 않았다. 그는 주로 처벌과 집단의식, 형벌법규 즉, 사회적 반응에만 집중하였다(Durkheim 1895). 그의 이론이 가지고 있는 원칙은 다음과 같다.

- 범죄는 정상적인 사회학적 현상이다. 범죄는 인류의 모든 사회에서

나타나며 심지어 공공 보건의 요인이자 모든 건강한 사회의 구성요소이기 때문이다. 범죄성은 주어진 시대와 공간의 일정한 문화와의 비교를 통해 이해되고 분석되어야 한다고 뒤르켐은 강조하였다.

• 아노미 (무규범 상태라는 뜻의 그리스어 a-nomos에서 유래) 법칙은 범죄 행동을 설명하기 위해 중요한 개념이다. 아노미상태는 주체가 자신의 행동을 규제할 가치기준을 상실한 상태로 뒤르켐은 아노미를 자살 원인 중 하나이자 범죄행동의 원인으로 보았다.

이 같은 범죄학의 새로운 관점은 롬브로조의 결정론적 인류학 가설인 '생래적 범죄자'(cf. 제 2장 1.1)와 직접적으로 대립된다.

범죄사회학과 뒤르켐 이론은 1910년 특히, 두 차례의 세계대전 이후로 약화되고 영미권 학파들이 등장하기 시작하였다.

2_2 심리사회적 이론

대부분의 심리사회적 이론들은 '루소주의' 즉, '자연 상태' 에서 인간은 선하지만 사회가 인간을 타락시킨다는 가설을 기반으로 한다 (Gassin 1998).

그렇다면 왜 같은 사회 조건 속에서 누구는 범죄를 저지르고 누구는 그렇지 않는가라는 의문을 제기하게 된다. 이 철학적인 의문을 바탕으로 범죄의 사회적 요인과 형법 준수의 사회적 요인에 대한 이론이 정립되었다.

쇼와 맥케이의 생태학적 이론

생태학적 이론은 미국 사회 내 청소년 범죄의 분포양상을 밝혀내려 했던 쇼와 맥케이의 이론에서 그 뿌리를 찾을 수 있다.

그들은 시카고의 비행 다발 지역을 연구한 결과, 1900~1906년에 높은 범죄율을 기록했었던 지역들은 1917~1923년의 범죄율도 높았었다는 사실을 밝혀냈다. 하지만 한 가지 중요한 사실은 이 기간 동안, 이 지역 주민의 구성이 완전히 뒤바뀌었다는 점이다. 즉, 청소년 범죄율이 높은 지역은 다른 민족의 이민으로 주민 구성이 바뀐다고 해도 범죄 발생률은 여전히 높다라는 사실을 토대로 쇼와 맥케이는 범죄를 발생시키는 '요인'은 주민의 구성이 아니라 그들이 주거하고 있는 환경, 장소라고 결론지었다.

따라서, 범죄율에 결정적인 영향을 끼치는 것은 주민들의 본성이 아니라 그 지역의 사회·경제적 환경(인구밀도, 경제적 수준 등)이며, 더 나아가서 인격 형성에 영향을 미치는 것은 불리한 주거 환경이지 출신배경이 아니라는 것이다(Gassin 1998). 공허감을 끔찍이도 싫어하는 인간의 본성에 의해서 혜택을 받지 못하는 빈곤 지역의 공허는 결국 범죄로 메워지게 되는 것이라고 보았다. 생태학적 이론 덕분에 지역과 범죄간의 관계 연구 특히, 현대 범죄학은 새로운 장을 열게 되었다.

서덜랜드의 차별 접촉 이론

에드윈 서덜랜드Edwin Sutherland는 사회환경이 범죄자의 인격형성에 미치는 인과관계를 밝히는 것에서 그치지 않고 더 나아가 범죄행동 학습에 영향을 끼치는 요인들을 밝히고 본성에 따른 범죄의 다양성을 연구하였다. 시카고 학파인 서덜랜드는 범죄행동은 생태적인 것이 아니라 타인과의 접촉, 특히 소규모 그룹에서의 커뮤니케이션 과정을 통해 학습된 것이라고 주장하였다. 개인이 범죄 동기와 욕동을 갖게 되는 것은 사회규범에 대해 어떠한 관점 즉, 호의적 관점인지 비호의적 관점을 갖고 있는지에 의해 결정된다고 보았다.

서덜랜드는 법률 위반에 대한 긍정적인 생각이 부정적인 생각보다 우위를 차지할 경우에 범죄를 저지르게 된다고 보고, 이것을 차별접촉 원칙이라고 규정하였다.

서덜랜드의 이론을 계기로 개인상호관계의 중요성과 범죄자 형성에서 심리사회적 과정의 중요성이 부각되었다. 물론, 타르드가 이미 그 중요성을 언급한 바 있지만 그의 이론은 주로 모방의 과정을 강조하는데 그쳤다.

머튼의 아노미 이론

로버트 머튼Robert K. Merton은 아노미에 대한 뒤르켐의 사회학적 관점을 계승하여, 아노미 개념을 더욱 발전시켰다. 그는 사회 기능의 세 가지 근본적인 변수들 (문화적 목표, 규범, 제도화된 수단) 간의 상호작용에 의해 '사회적으로 구조화된 긴장' 이 나타난다고 주장하였다. 어느 사회 집단에 제도적으로 주어진 수단과 제안된 목표 사이에 깊은 괴리가 있을 경우, 아노미 상태가 발생하게 되는데, 이 경우 사회집단은 문화적 목표를 달성하기 위해 위법적인 방법을 사용하게 된다(Gassin 1998). 머튼은 양차 세계대전 사이의 미국 사회를 예로 들었다. 이 시기에 미국 사회가 모든 사회계급에게 강조한 슬로건은 '성공' 이었다. 이 문화적 목표는 단지 물질적이고 금전적인 성공만을 의미하였고, 성공을 위한 수단과 규범은 사회적 위치에 상관없이 모든 집단에게 일률적으로 강요되었다. 현실 속에서 성공이라는 문화적 목표 다시 말해, 제도적 수단에 도달할 가능성은 사회적 위치에 따라 극명하게 갈라졌고 결국, 현실적으로 기회가 제한된 하층 계급의 사람들이 크게 낙심하면서 사회적 긴장이 발생하였다. 비록 아노미 이론이 개인과 사회간의 상호작용을 좀더 심층적으로 이해하고는 있지만 왜 그리고 어떻게 사회적 긴장 상태에 놓인 집단 속의 개인이 실망을 하고 문화적 목표를 달성하기 위해 불법적인 수단을 사용하게 되는지 그 이유와 방법에 대해서는 설명해주지 못하였다.

셀린과 코헨의 문화 갈등과 하위문화 갈등 이론

토스텐 셀린Thorsten Sellin과 알버트 코헨Albert K. Cohen은 머튼의 이론이 가지고 있는 한계점을 보안하여 새로운 범죄학 이론을 제시하였다.

셀린은 범죄를 발생시키는 다양한 행동 규범들 간의 충돌을 '문화 갈등'으로 규정짓고 이러한 문화 갈등의 지배적인 역할을 강조하였다. 범죄의 원인을 문화갈등으로 보는 셀린의 해석은 이 시기 수많은 이민자들이 몰려 들어오고 있던 미국의 사회·경제적 상황과 직접적으로 연관된다. 셀린에 의하면, 문화 갈등은, '문화적 코드가 다른 경우나 한 문화적 집단의 규범이 다른 문화적 집단의 영역까지 확대된 경우, 혹은 한 문화적 집단의 구성원들이 다른 문화적 집단으로 이주해간 경우'에 발생한다(Sellin 1938).

셀린은 범죄율의 다양성을 설명하기에 문화 갈등 이론만으로는 불충분하다며 그 시대의 사회·경제적인 상황도 고려해야 한다고 덧붙였다(Gassin 1998).

코헨A. Cohen(1995)은 셀린의 이론을 보완하여, 지배문화에 대한 사회집단의 공격적인 반응을 의미하는 '비행 하위문화' 이론을 제시하였다. 적응을 허용하지 않는 지배문화로 인해 사회집단이 새로운 기준과 가치를 창조하게 된다는 것이다. 코헨의 이론을 계기로 수많은 논의의 장이 마련되었으며, 특히 문화적 반응의 원인을 이해해볼 수 있는 계기가 마련되었다. 거시사회학적 관점의 사보D. Szabo(1976)는 이전의 다양한 접근법들을 통합시켰다. 사보는 문화적 가치들의 통합의 정도가 존재한다고 지적하며, 통합된 사회, 부분적으로 통합된 사회, 통합되지 않은 사회 이렇게 세가지 유형으로 분류하였다. 사회의 통합도는 범죄율과 깊은 상관 관계를 맺고 있어서, 사회의 통합도가 높을수록 범죄율은 낮아진다고 분석했다.

형법 준수의 사회적 요소 이론

이 이론은 사회적 유대와 다양한 기능장애를 문제 삼으며, 사회 유대의 기능장애를 범죄 유발요소로 간주하였다. 대표적 학자인 베커Becker, 허쉬Hirschi, 셔먼Sherman은 사회 유대의 역할을 강조하며 사회 유대를 통해 개인들이 법률을 준수하게 된다고 주장하였다. 이와 같은 현대적인 해석은 고전주의학파 이론과 대립된 입장을 취하며, 더 나아가 왜 사람들이 범죄를 저지르지 않는가?라는 의문을 제기했다. 사회 유대의 본성을 강조함에 따라 범죄의 근본적 원인을 빈곤계층의 낙인으로 간주하는 낙인이론의 한계를 뛰어넘었다. 이 이론에 따르면, 범죄 행동은 각각의 개인이 사회유대에 뿌리박고 있는 깊이에 따라 달라지게 된다 (Gassin 1998).

사회반응 이론

사회반응 이론은 범죄자와 대립자간의 역학적인 상호작용에 초점을 맞추고 있다 (Cusson 1994). 이 이론을 계기로 새로운 범죄학적 접근법이 탄생되었으며 여전히 이 이론을 바탕으로 한 연구가 활발하게 진행되고 있다. 사회반응 이론은 일탈자들 가운데 왜 누구는 처벌을 받고 누구는 처벌을 면하게 되는지를 이해하기 위해서 범죄와 일탈의 개념에 의문을 제기할 필요성에 의해 탄생되었다. 예를 들어, 똑같이 마약을 소지하더라도 범죄자로 판결을 받는 자와 받지 않는 자가 발생한다 (Cusson 1998). 사회반응 이론에 의하면, 범죄자와 비범죄자 간에는 어떠한 차이도 존재하지 않지만, 다만 한 개인을 범죄자로 거부해버리는 '낙인 찍기' 가 존재한다. 사회가 한 개인에게 일탈자라는 딱지를 붙여버리는 낙인 과정을 통해 그를 소외시키고 개인은 자신의 부정적인 정체성을 내면화시킴으로써 일탈행동이 더욱 증가한다 (Cusson 1998). 사회반응 이론에는 크게 세가지 분파가 있는데, 상호작용주의 이론, 조직적 이론, 결정적 혹은 근본적 이론이다 (Gassin 1998). 이러한 관점은 범죄와 범죄자에 대한 사회학적이고 철학적인 해석과 일치하면서 점차 범죄 행위자체에 초점을 맞춘 접근법으로 전환하게 된다. 누가 범죄를 저지르는지 뿐만 아니라 그 자체로서 무엇이 범죄를 촉발하는지에 대해 의문을 품게 되는 것이다.

3 범죄 행동

범죄 행동을 범죄학 연구의 핵심 주제로 다룬 학자들은 범죄 행동을 범죄자의 삶에 따라 개별화와 분리가 가능한 실질적인 현실로 보고, 행동의 과정과 역학에 대한 분석에 집중하였다. 정상적인 다른 행동들과 구별되는 범죄행동에는 행위자의 삶에 대한 독자적인 해석이 내포되어 있다. 즉, 범죄 행동은 개인과 상황, 환경이 서로 끊임없이 상호작용하는 과정 속에서 여러 단계를 거쳐 발전해온 과정인 것이다. 학자들은 범죄에 대한 병인적인 관점보다는 범죄 행동의 발생과정을 밝히기 위한 여러 연구를 시도하였다.

3_1 드 그레프의 범죄 행동으로의 이행 과정

행동 자체가 범죄학 연구의 주제로 떠오르면서 연구의 범위는 범죄 행동으로의 이행 과정까지 확장되었다. 에티엔 드 그레프Etienne De Greeff를 비롯한 1930년대의 학자들은 범죄를 설명하기 위해 인격과 시대, 상황의 단순한 관계를 관찰하는 접근법을 넘어서려 하였다. 드 그레프는 환경에의 의존 방식에 따라 범죄를 저지르기까지의 발전과정으로 범죄를 이해하였다. 그는 행동으로의 이행과정을 이해하기 위해서 범죄 유발 태도와 범죄 태도 간에 근본적인 차이가 존재한다는 것을 발견하였다. 범죄유발 태도는 범죄에 점점 근접해가는 주체의 태도로, 그렇더라도 여기서의 주체는 범죄자가 아니다. 반면, 범죄 태도는 행동 자체 또는 행동 실행을 의미한다. 드 그레프는 치정범죄에 대한 연구를 통해 행동으로의 이행 단계를 묘사할 수 있게 되었다. 그는 개인은 '행동이 정당화될 수 있고 반드시 필요한 것이 되어버렸을 때에만 범행 단계로 나아간다' 고 보고(Gassin 1998), 비효과적 동의, 공식적 동의, 폭발 이라는 세가지 단계에 의해 이동한다고 정리했다. 이 세 단계는 '요구의 과정' 과 결합되는데 이 과정에서 범죄자는 미래의 피해자에게 모든 비난을 투사시켜버림으로써 자신의 행위를 보복 행위로 정당화시킨다(Cusson 1998). 이러한 접근법은 범죄자가 피해자를 알고 있다는 가정을 전제로 하기 때문에 모든 행동 유형에 적용될 수는 없다. 하지만 범행 전의 상황과 인격 사이에 상호작용의 과정을 강조했다는 점에서는 중요한 의미를 가지고 있다. 덕분에, 인격적으로 결정된 범죄자는 범죄 외에 다른 선택은 없다는 운명론적 결정주의의 해석에서 탈피하게 되었다.

3_2 코헨의 나뭇가지 이론

상호작용주의 학파의 대부분의 학자들과 마찬가지로 코헨 Cohen(1966) 또한 상호작용의 과정을 강조하였다. 그는 범죄 행동이 시간 속에서 순차적인 단계에 따라 진행된다고 주장했다. 이러한 관점은 한 개인이 목표에 도달하기 위해 범죄자의 방향 혹은 비범죄자의 방향 중에 정해진 길을 선택한다고 보고 있다. 목표를 향한 과정은 전적으로 출발 상태에 의해서만 결정되는 것이 아니라 주체는 주어진 순간에 그 상황에 따라 결정된 방향을 선택할 수 있는 것이다. 코헨은 범죄 행동을 길 위에서 길을 찾아가는 과정의 연속으로 비유하였다. 길을 찾아가는 과정은 과거에 의해서만 결정되는 것이 아니라, 매 순간마다의 상황 그리고/또는 개인의 주관적인 선택에 의해 바뀔 수 있다. 코헨은 이와 같은 현상을 의사결정나무 모형으로 도식화하였다 (표1).

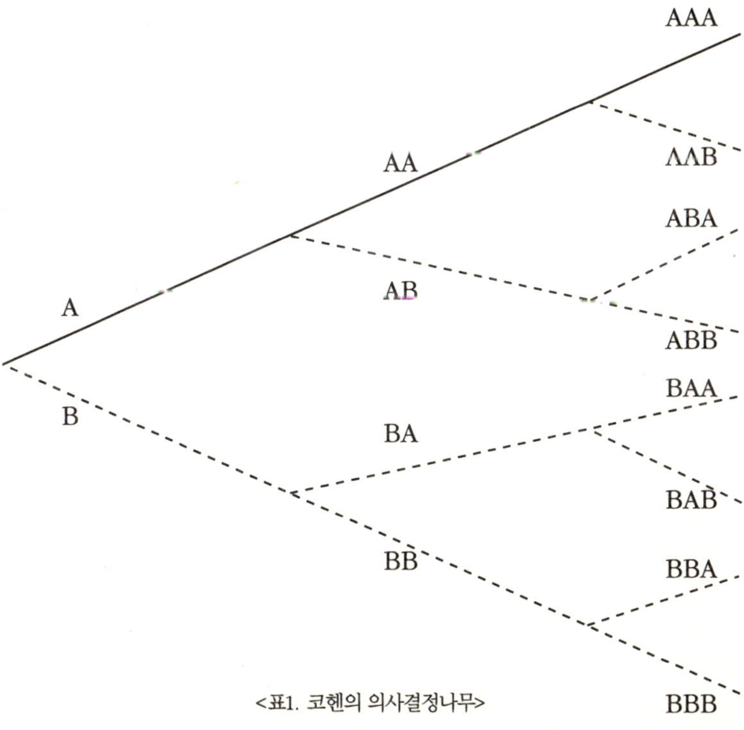

<표1. 코헨의 의사결정나무>

코헨은 다음과 같은 방식으로 결정나무를 해석한다. 실선으로 표현된 A와 AA, AAA는 일탈로 이어지는 행동 과정이다. 그리고 그 외의 점선으로 표현된 과정들은 행위자가 선택할 수도 있는 변수들이다. 다음 단계로 넘어가는 각각의 상황에 따라서 결과가 변하기 때문에 출발 상황이나 행위자체만으로는 결과를 예측하기가 불가능하다는 것을 알 수 있다.

레스토랑 안에 있는 한 남자의 예를 들어보자. 이 남자가 테이블 위에 놓여져 있는 핸드폰을 보고, 어떻게 저것을 훔칠 수 있을까 고민하는 그 순간에, 경찰차가 그 레스토랑 밖을 지나가게 된다면, 그 순간 핸드폰을 훔치려던 그의 선택이 바뀔 수도 있게 된다.

전술한 바와 같이, 지배문화와 하위문화 간의 충돌로 인해 범죄가 발생한다는 비행하위 문화 이론에도 내포되어 있는 코헨의 상호작용주의를 계기로, 범죄 행위는 더 이상 정해진 시점에 다양한 요소들이 뒤얽힌 단순한 결과물로서가 아니라 '시간 속에서 진행된 과정의 결승점'으로 이해되었다(Gassin 1998).

3_3 범죄의 경제 이론

경제 이론은 범죄가 이성적 판단에 의해 발생할 수 있고 범죄자는 범죄 행동에 따른 이득을 기대한다는 가정을 전제로 한다. 이러한 접근법의 원칙은 범죄자는 이성적인 인간이기 때문에 누구든지 비용과 효용의 측면에서 범죄의 이득을 계산하여 행동을 선택한다는 데 있다. 따라서 범죄자는 범행으로 기대되는 결과에 따라 범행 여부를 선택하고 결정한다(Becker 1968).

경제적 접근법은 범행 주체의 인격이나 동기에 초점을 맞추고 있지 않다. 대신, 이득을 얻기 위한 방법으로 합법적 행위 대신 범법 행위가 갖고 있는 매력을 밝혀 냈다. 학자들은 범죄에 대한 이성적인 해결책으로 형사 처벌의 강화를 제안하고 이것이 '범죄의 제공' 이나 적어도 범죄의 매력을 감소시킬 것으로 보았다(Gassin 1998). 레클리스W. Reckless(1962)도 이 이론에 동조하여 내부(자아의 통제력) '장벽' (봉쇄 containment)과 외부(가족, 학교, 교회 등) '장벽' 의 존재를 주장하였다. 형벌이 엄격해질수록 외부 장벽이 범행을 제한할 수 있다는 레클리스의 관점은 정부 정책이 억압적일수록 범죄가 줄어들 것이라는 단순한 인과관계를 내포하고 있다. 하지만 공식통계의 장기적인 변동 추이를 통해서도 범죄발생이 그렇게 단순하게 조절되지 않다는 사실을 확인할 수 있다.

3_4 M. 퀴송의 전략 이론

심리사회학자인 모리스 퀴송Maurice Cusson은 이성적 자유의지 이론을 옹호하면서도 이득을 얻기 위해 범행을 저지른다는 단순한 이성적 관점에서 한발 더 나아가 전략이라는 개념을 사용하였다. 즉, 범죄는 목표 달성을 위한 갈등이자 수단이다(Cusson 1981). 그는 전략 이론은 범죄자와 그의 대립자 간의 역학적인 상호작용에 중점을 두고 있다고 강조하였다. 결정주의 이론과는 상반되는 전략 이론은 범죄를 목표에 도달하기 위한 수단으로 간주하고 범죄자를 이성적이고 의도적으로 범죄를 선택하고 결정하는 당사자로 인정하였다.

결국, 전략적 분석은 범죄 문제를 해석하는 방식이다. 프레셰트Frechette와 르블랑Leblanc이 강조한 것처럼(1987), 무장강도, 패싸움, 불법침입, 절도, 가정폭력 등의 범죄는 혼란스러운 인생 경로에 의해 만들어진 자기중심적 인격의 결과물이다. 따라서 이러한 범죄들은 이해가 가능한 행동들로 나름대로의 의미와 심지어는 합리성도 내포하고 있다. 전략 이론은 어떤 행위이던 간에 주체의 인격 보다는 인간의 행위에 중점을 둔다. 주로 비슷한 상황에서 반복적으로 나타날 수 있는 공통적인 범행 패턴이나 범행 과정을 밝혔을 뿐만 아니라 범행 이전의 상황도 고려했다는 점이 전략적 접근방법의 특징이다. 또한, 상황의 객관적인 측면과 동시에 주관적 측면, 즉 현실 인식에 영향을 미치는 그 순간의 기분까지도 고려하였다(Gassin 1998). 결국, 우리는 범행을 이해하기 위해서는, 행동에 대한 객관적 분석 즉, 사실적 분석과 함께 범죄 유발과정의 원인인 개별적이고 주관적인 변수의 분석도 중요하다는 사실을 확인할 수 있다.

4 정신적 주체

정신기능 이론인 프로이트의 정신분석 이론을 토대로 범죄자라는 정신적 주체를 중심으로 하는 이론들이 체계화되고 이를 바탕으로 범죄·폭력 행동에 대한 수많은 해석들이 탄생했다. 다양한 학자들이 범죄의 기초가 되는 정신 과정에 의문을 품고 주체의 정신적 삶의 뿌리를 연구하였다. 범죄·폭력 행동을 해결해야 할 수수께끼로 여기고 수수께끼의 답을 주체의 정신역동적 기능에서 모색하였다. 학자들은 범행 과정에서 초자아와 죄의식의 역할을 강조하고, 정신기제를 구성하고 있는 다양한 요소들에 대한 더 복잡한 이론화를 위해 심도 깊게 논의하였다.

4_1 범죄의 정신분석 이론

범죄와 죄의식

고전적인 정신분석은 초자아의 개념으로부터 범죄 문제에 접근하였다. 범죄학 분야에 크게 기여한 프로이트의 이론은 죄의식이 행동보다 앞서 존재한다는 가설에 제한되어 있었다. 프로이트는 무의식적 감정인 죄의식이 행동에 의해 합리화되고, 이 결정적인 외부 동기가 죄의식을 덜어준다고 보았다. 정확히 말하면, 프로이트는 오이디푸스 콤플렉스에 죄의식을 결합시켜 자신의 신경증 이론의 틀 안에서 범죄 행동을 이해하였다. 1920~30년대에 이르러, 범죄·범죄성과 죄의식 간의 관계론이 다시 부각되며 일부 학자들에 의해서 계승, 발전되기도 했지만 또 다른 학자들은 신경적 죄의식의 도식에 근거하고 있는 프로이트의 해석법을 비판하였다.

범죄와 초자아의 결함

프로이트 이론을 필두로 범죄자의 초자아의 상실 이론이 연구의 기본 축을 이루게 되었다. 케이트 프라이들랜더Kate Friedlander(1947)는 죄의식의 부재와 반사회적 반응의 영속성을 주장하며 반사회적 반응이 반드시 도발이나 선동으로부터 발생하는 것은 아니라고 덧붙였다. 그녀는 초자아의 독립성 결여가 '반사회적 기질'을 형성하는 이유 중 하나이며, 또한 이로 인해 범죄자는 자신의 욕망을 억제하고 행동의 결과를 예측할 능력을 상실한다고 주장하였다.

범죄자의 초자아의 결함 이론과 초자아 상실 이론은 1940~1950년대에 수많은 분석가들에 의해 재조명되었다. 물론, 다른 학자들은 특별한 특징들을 증거로 내세우며 범죄자도 초자아를 가지고 있다고 주장하였다. 범행과정에서 죄의식의 불안으로 인한 신경증적 행동을 강조하는 이론(프로이트)이나 범죄자의 초자아의 결함과 상실을 주장하는 이론과는 반대로 일부 정신분석학자들은 일찍부터 이의를 제기하고 또 다른 해석을 위한 실마리를 제시하였다.

아브라함 Abraham(1925)은 반사회적 주체가 신경증의 특징들을 갖고 있지 않다고 보았다. '사기꾼' 에 대한 유명한 임상연구를 통해 그는 반사회적 장애의 조발성과 오이디푸스 콤플렉스로의 접근 방해를 강조하였다. 그린에이커Greenacre(1945)는 정신병질자(사이코패스)가 죄의식의 감정이나 방어 기제를 갖지 못한다는 것은 불가능하다고 주장했다. 그녀에 따르면, 오이디푸스 전기와 관련되어 있는 정신병질자의 장애는 엄마의 자기애적인 애정이 아이를 향하고 있는 상황에서 유아의 초기 공격성에 의해 발생한다. 이러한 의미에서 그린에이커의 이론은 클라인Klein의 '범죄 성향' 에의 초자아 역할에 대한 개념과 일치한다.

범죄성향 이론

클라인 학파에서 사디즘, 증오, 파괴 욕동 등과 같이 다양한 개념으로 나타나는 공격성은 죽음 욕동의 한 부분을 표현하는데 중요한 위치를 차지하고 있다. 연구 초기부터 그녀는 외부 세계로 투사된 공격 욕동에 대한 유아의 초기 투쟁이 존재한다는 가설을 내세웠다. 그녀는 성폭행 가해자인 자신의 환자들을 상대로 한 연구를 통해서, 가학직 욕동이 최고조로 상승하고 잔인하며 원초적인 초자아가 성장함에 따라 성폭력적 행동들이 나타난다고 해석하였다(Klein 1927). 여기서 눈여겨볼 점은 초자아에 대해서 프로이트와는 상반된 클라인의 관점이다. 클라인은, 편집-분열증적 위치로 연결되는 구강기 가학단계에 첫 번째 대상의 함입을 통해 초자아가 형성되기 때문에 초자아가 매우 일찍부터 형성된다고 보았다. 그 후에, 클라인은 살인 성향은 (우울증적 위치에서) 보상 기제의 실패와 관련된다고 주장하며 범죄성과 정신병과의 관계를 인정하였다. 역설적이게도 주체가 협박자나 파괴자로 투사한 주변인으로부터 자신을 방어하려 할 때 범죄 행동을 이행한다는 것이다. 여기서 범죄성이 정신병과 다른 점은 범죄성에서는 환상이 외부화되어 행동으로 표출된다는 것이다. 즉, 클라인은 일찍이 범죄 행동에 대해 의문을 가진 뒤 곧바로 내부 심리갈등으로 인한 방어기제를 범죄 행동으로 간주하는 독창적인 이론을 제안하였다. 범죄행동에 대한 의문이 그녀로 하여금 정신장애와 일탈행동의 근본이 신경증이라는 당시의 지배적인 가설을 상대화시키게 한 계기가 된 것이다. 그 후, 정신분석학의 2세대들은 범죄자의 체험, 인생사, 가족 콤플렉스의 관찰로 범죄행동 이론의 연구 방향을 전환하였다.

범죄와 가족 콤플렉스, 동일시 과정

라캉Lacan(1932)–Aimé 사례와 파팽 자매의 사례를 바탕으로 편집증적 정신병을 분석–은 공격성에 대해 프로이트의 이론과는 정반대의 입장을 취하며, 욕동을 생물학적으로 이해하는 것을 거부하고 동일시와 정동적 의존의 메커니즘에서 폭력을 재해석하였다. 라캉은 생식기 이전의 본능이나 욕동, 환상은 인간 정신구조 내의 폭력이나 폭력성을 설명해주지 못한다고 지적했다. 인간은 내부의 대타자Autre(=Other)에 의한 소외로 인해 공격성을 갖게 된다고 보았다.

라캉의 유아기에 대한 연구도 정신분석에 결정적인 기여를 하였고 이는 범죄학에도 일부 영향을 미쳤다. 클라인, 볼비Bowlby, 스피츠Spitz는 모성 결핍에 대한 연구를 통해 관계 형성에서 전기 오이디푸스 단계의 실질적인 역할을 강조하였다. 인격이 형성되기 이전이라도 부모와의 동일시 과정을 통해서 엄마와 유아의 관계는 근본적인 학습효과를 가지고 있다고 본 것이다. 또한, 이러한 동일시 과정이 프로이트의 오이디푸스 콤플렉스에만 한정되지 않고 유아기와 가족의 틀에서 벗어나 더 넓게는 사회·문화적 의미를 갖는다고 주장했다. 모성 결핍을 범죄 행동의 근원으로 보는 이 같은 가설은 르보비치Levobici와 르가슈Legache에 의해 계승되었다. 르가슈(1947)는 드 그레프의 연구에 기초하여, 질투와 치정범죄를 이해하려 하였다. 그는 개인의 인생사와 인격에서 비롯된 행동으로 자아의 주체성이 표출된다고 보았다. 좀 더 구체적으로, '교화적인 동일시 과정을 실패한 주체가 불건전하고 발병적인 동일시 과정' 을 통해서 표출한 결과물로 범죄행동을 이해하였다. 더 나아가, 르가슈는 범죄자가 양성되는 조건에 대해 두 가지 가설을 세웠다. 즉, 범죄자들 사이에서 성장하여 그들에게 자신을 동일시하고 일탈의 가치체계를 재생산하는 상황이거나 혹은 유아기 동안 쉬은 애정결핍으로 인해 구속력을 행사하는 '정상적인' 초자아를 형성할 수 없는 상황에서 미래의 범죄자가 양성될 수 있다는 것이다. 결국, '비정상적인 동일시 과정을 통해 정상적인 사회화 과정을 겪지 못한 채 지속적으로 자기중심적인 유아기' 를 겪은 주체가 범죄자가 될 수 있다고 결론지었다.

새로운 개념으로의 진보

정신분석학이 범죄학분야에 기여한 근본적인 영향력은 부정할 수 없다. 하지만 1970년대 이후부터 정신분석학은 피할 수 없는 논란의 중심에 서게 되었다.

이 당시 정신분석학자들은 실질적인 대조도 없이 범죄에 대한 가설을 세우고, 모델을 구상하는데 급급해 이론에만 겉도는 해석을 주장하고, 범죄학에 전혀 새로운 정신분석적 관점을 제시해주지도 못했다는 비판을 받았다.

베르쥬레Bergeret는 '심층적 폭력' 모델 (cf. 제1장)과 함께 새로운 이론을 제시하고 범죄학 연구의 새로운 장을 열었다. 하지만 그의 이론은 정신분석학 1세대의 이론과 유사하다는 비판을 받았다. 많은 한계점들이 지적되긴 했지만, 베르쥬레의 연구는 현대사회의 범죄와 폭력 표출에 대한 흥미와 호기심을 유발시키면서 범죄학 분야에서 정신분석학적 연구를 다시 활성화시키는데 기여하였다. 그 이후, 순수한 이론적 담화보다는 구체적인 인간 행위에 대한 관찰이 주를 이루게 되었고 더욱 흥미롭고 실질적인 의견들이 도출되었다. 그 예가 비행 청소년의 원인과 치료에 대한 연구 (cf. Chartier; Marty)와 교도소에서의 교정심리치료에 대한 연구(Balier)이다. 범죄자의 임상 현실에서 벗어난 학자들은 정신분석학적 지식을 현실화하고 범죄행동을 이해하고 문제해결에 적절한 방안을 제안하려고 노력했다. 발리에(1988)는 통상적인 질병학 분류법에서 탈피하여 환자들의 정신기능 내의 공격성의 위치를 분석하기 위해서 교도소 같은 환경에서 정신분석학적 도구가 어떻게 사용될 수 있는지 자신의 임상보고서를 통해 제시해주었다. 메타심리학적 방법과 대조되는 임상실험에 기초한 연구들을 통해 발리에는 실현화된 행동의 표면적인 단순함 때문에 복잡한 정신현상이 은폐된다고 지적했다. 이 같은 이론적 개념은 특히, 성폭행 분야에서의 새로운 연구와 사고를 위한 실마리를 제공해 주었다(Ciavaldin 1999, Bouchet-Kervalla 1996). 뿐만 아니라, '연속성sérialité' 이론의 탄생에도 영감을 주었다. 연속성 이론은 현상의 병인과 문제시되는 메커니즘을 명확히 밝히면서 행동을 순차적으로 이해하는 방법이다(Harrati, Vavassori, Villerbu 2004). 즉, 행동의 과정 분석에 초점을 맞춘 행동 임상학에 포함된다(cf. 제3장).

제3장

범죄의 정신병리학과 정신분석 임상

Psychopathologie et Clinique Psychanalytique de la Délinquance

192

범죄 행동에 대한 더 깊은 이해와 연구를 위해 제 3장에서는 정신분석학의 영향을 받은 정신병리학적 해석을 바탕으로 범죄행동을 분석할 것이다. 더 구체적으로는, 정신분석적인 질병기술학을 참고로 하면서, 서로 연관을 맺고 있는 인격 구조와 병리적 요소들의 구조, 그리고 다양한 정신과정과 관련되어 범죄 행동에 대한 연구가 진행될 것이다.

1 정상상태 : 병리학과 범죄

1_1 범죄, 정상적인 현상인가 병리적 현상인가

앞서 보았듯이, 범죄·폭력행동은(도덕, 사회, 형법적) 규범과 상황에 따라서 '정상 행동' 또는 '이상異常 행동'으로 규정된다. 일반적으로 정상적인 상태를 정의하기가 쉽지는 않지만, 정신병리학에서는 정상과 이상의 경계가 명확하게 분리되어야 한다. 어떠한 기준과 상황을 근거로 정상과 이상 혹은 병리적 행동으로 규정할 수 있는가? 이러한 질문에 대한 답변이 쉽지 않은 만큼, 범죄현상과 병리적 현상 간의 관계에 대한 문제는 그만큼 더욱 복잡해진다. 따라서 살인과 성폭행 같은 범죄행동을 분석하고 이해하기에 앞서 행동의 병리적인 특징들에 대해 다음과 같은 의문이 떠오른다. 범죄를 저지른 행위자는 정신장애자나 정신이상자인가? 하지만 이렇게 개별적인 정신병리학적 관점으로 범죄에 접근하는 것은 좋은 방법이 아니다.

위와 같은 접근법은 제한적이고 위험하다. 범죄를 병리적인 현상으로 축소시키는 것은 사회 위반행동을 체계적으로 '병리화' 시키는 남용을 범하는 것이다. 사회 위반행위의 '병리화'는 범죄 행위를 개인적인 현상으로 제한시키고 중요한 의미를 가진 다른 요소들을 간과할 위험이 있다. 따라서 각각의 범행주체들의 개별적인 경험뿐만 아니라 사회적 요소들도 함께 통합된 관점의 필요성을 고려하는 것이 중요하다(Lemay 1985).

범죄행동에 대해서 법률과 정신병리학은 철저하게 서로 대립적인 역할을 담당하고 있다. 실제로, 사법기관의 역할은 사법기준에 의해 범죄행위를 규정하고, 범행 당사자의 유죄혐의를 증명하기 위한 증거를 찾아내고, 재판을 통해 최종 판결을 내리고, 형벌을 부과하는 것인데 반해(Archambault et Mormont 1998), 정신병리학은 범죄 행동의 의미와 행위자와 행동간의 관계를 밝혀내는데 중점을 두고 있다. 즉, 정신병리학은 구체적인 상황에 기초하여 심리학적으로 현상을 분석하고 이해하려는 학문이다(Pédinielli et Bertagne 2002). 따라서 정신병리학은 범죄연구와 관련하여 사회, 법률과는 분리된 고유의 정의와 개념, 목표를 가지고 있어야 한다. 무엇보다 범죄현상은 과학적으로 설명이 가능한 정신병이나 병리로 유발된 단순한 결과물이 아니기 때문이다.

심리적 병리학pathologie mentale보다 범위가 넓은 정신병리학은 주체가 표현 가능한 고통을 가지고 있는지 여부와 주체의 사회규범의 수용과 준수(규범성)의 거부에 초점을 맞추고 있다. 따라서 이상상태와는 상반되는 병리라는 단어를 통해서도 알 수 있듯이, 정신병리학은 고통을 해석하고, 분석하고, 이해하는 학문이다(Pirlot et Pédinielli 2005). 정신병리학적 관점에서 범죄는 행동유형의 하나로, 일탈 행동이자 병리적인 현상이다. 결국 고통과 정신장애, 그로 인한 결과뿐만 아니라 이상상태와 관련되어 있는 범죄 행동을 분석하기 위해서는 도덕·문화·사회·과학 규범을 기준으로 하는 것이 반드시 필요하다. 범죄가 그 자체로는 병리적 현상이 아니지만 범죄행동은 메타심리학적인 분석의 대상이 될 수 있다.

1_2 다양한 정신병리학적 견해

범죄현상의 해석과 연구를 위한 정신병리학에서 두 가지 견해가 종종 서로 대립된다.

- 기호학적 견해는 병인적 측면은 고려하지 않고 총체적인 증후만으로 범죄행동을 정의하고 분석하는데 목표를 둔다(국제 분류기준인 DSM - IV와 CIM-10).
- 정신병리학적 견해는 범죄 현상의 다양한 증후들을 분석하고 이해함으로써 병인을 연구한다. 정신병리학적인 추론과 모델들은 인지·행동·정신분석 등의 이론적 패러다임에 의지하여 개념의 틀과 해석 방법을 제시해준다.

범죄에 대해 수많은 정신병리학적 견해와 모델들이 존재하는데, 이로 인해 개념이 중의적으로 해석되는 경우도 종종 발생한다. 실제로, 정신병리학적 견해나 이론적 모델에 따라, 범죄가 행동장애나 인격장애(반사회적 인격)로 해석되기도 하고, 혹은 질병학적인 징후(정신병적 행동으로의 이행)나 특정한 정신기능, 정신조직(정신병질)의 방식으로 또는 특수한 역할(행동화)을 행하는 정신과정으로 간주되기도 한다.

따라서, 다양한 이론들간의 오해뿐만 아니라 정신병리학, 심리적 병리학의 영역과 타영역 간의 혼돈을 피하기 위해서는 상대적으로 사용되고 있는 범죄 관련 전문용어들을 주의해서 사용해야 한다.

2 정상상태 : 병리학과 구조

2_1 구조의 개념

정신병리학에서의 구조에 대해 말하기에 앞서, 우선 구조주의적 접근approche structurale과 구조에의 접근approche structurelle, 이 두 가지 접근법을 각각 정의하고 구분하는 것이 필요하다.

- 구조주의적 접근은 구조주의 인류학Lévi-Strauss, 구조주의 언어학Saussure, 구조주의 정신분석Lacan과 같은 연구 이론에서 사용된 접근방법을 의미한다. 구조주의적 접근에서는 구조를 추상적이고 무의식적인 복합요소들의 총체로 정의한다. 그리고 이러한 요소들의 역학적인 상호작용을 통해서 주체를 구성하는 주관적인 상황과 현상(증상, 언어 등)이 결정된다고 본다.
- 구조에의 접근은 이번 장에서 기준으로 사용할 접근법으로, 다양한 정신구조와 그와 연관되는 병리적 요소들을 연구하는 방법이다. 이 접근법에 따르면, 인격구조는 무의식을 구성하는 방식을 의미한다. 아픈 주체건 건강한 주체건 모든 사람의 인격구조는 생후 1년 안에 구성된다. 베르쥬레(1986)는 인격구조에 의해 내적정신기제(불안, 대립, 방어기제, 리비도 단계, 대상관계)가 조직되고 병리적 현상들(구체적인 증상과

징후들)이 나타난다고 보았다. 안정적이고 결정적인 인격 구조는 보상작용을 상실하지 않고 병리적인 증상이나 징후 없이 존재할 수 있다. 하지만, 주체가 매우 강력한 내부적 그리고/혹은 외부적 어려움에 굴복했을 경우에는 미리 정해진 도식에 의해 보상작용상실 décompensation을 경험하게 된다.

구조와 장애, 인격(병리적 요소 없이도 구조의 가시적 발현가능)을 분류하는 것이 반드시 필요하다. 증상이 필수적으로 정신조직을 결정짓는 것은 아니며 정신구조가 절대적이고/혹은 가시적인 증상을 반드시 수반하는 것은 아니다. 정신역동적이고 구조적인 관점에서 볼 때 범죄·폭력 행동들은 모두 같은 행동으로 규정될 수 없으며 서로 다른 심리적 환경에서 나타난다. 하지만 때로는 이론과 연구들이 범죄나 범죄유형을 마치 하나의 단일한 개체로 다루면서 자의적인 단순화의 오류를 범하기도 한다. 범죄·폭력 행동은 모든 종류의 정신조직 속에 통합되지만 각각의 구조와 병리적 요소에 따라 고유의 의미를 가지고 다양한 과정을 경험한다.

2_2 범죄와 신경증

신경증적 구조

신경증은 유아기(더 정확히는 오이디푸스 콤플렉스의 변형)에 구성된 정신조직과 관련되어 있다. 이 시기 오이디푸스 욕망을 억압했지만 억압된 것의 회귀가 이루어지면서, 욕망과 금지 사이의 대립을 해결, 타협하려는 시도로 2차 방어기제가 동원됨에 따라 증상들은 무의식 속에 자리잡게 된다. 방어기제의 사용으로 형성된 정신조직에 의해 인격 특질들이 지속적으로 구성되고 방어가 실패하면 신경증적 증상들이 '갑자기' 나타난다. (욕망의 표현인) 증상들은 심리적 투쟁이 표현된 것으로 그 원인을 주체의 유아기와 정신과정에서 찾을 수 있다. 즉, 신경증 발생의 근본 원인은 유아가 성적 동일시를 경험하는 시기에 겪게 되는 오이디푸스 콤플렉스와 관련되어 있다. 유아는 이성의 부모에게는 애정을, 동성의 부모에게는 경쟁심을 품으면서 동일시의 과정을 겪는다. 모든 인간관계를 지배하는 근친상간의 금지에 의해, 아이는 첫 번째 상황을 극복하면서 근친상간의 대상을 포기하고 동성의 부모와 자신을 동일시하며 첫 번째 근친상간의 대상이 아닌 다른 애정의 대상을 찾는다. 이 과정에서, 동성의 부모에 대한 동일시와 근친상간 금지로 인한 죄의식(콤플렉스와 거세불안)을 동시에 갖는 양가감정을 경험하게 된다. 이러한 거세불안은 욕동을 만족시키려는 욕망인 '이드'와 금지를 강요하는 '초자아' 사이의 충돌로부터 발생한다. 거세불안은 '자아'가 용납할 수 없는 욕동의 재발에 대한 심리적 우려를 의식적으로 표현한다. 억압, 차단, 전위, 전이 때로는 행위(내적 정신기제가 아니기 때문에 정신기제와는 다르다)와 같은 자아의 방어기제에 의해서 불안감이 완화될 수 있다.

신경증적 행동으로의 이행

범죄학에서 신경증적인 행동 과정이 임상적으로 관찰되는 경우는 드물다. 하지만 신경증 환자는 무엇이 되었든 행동을 이행하게 되고 사후에 그로 인해 고통을 겪는다. 이러한 고통은 신경증 환자의 죄의식과 연관되어 있다.

> 도스토예프스키의 장편소설 '죄와 벌'에서 살인행동의 이행과정으로 인한 죄의식의 신경증적 측면이 잘 나타나있다. 1860년 여름, 러시아의 상트페테르부르그를 배경으로 한 소설에는 학비가 없어 학업을 포기하게 된 법학과 학생 라스콜니코프가 등장한다. 그는 무자비한 고리대금업자 노파와 무고한 그녀의 누이를 도끼로 살해한 후, 자신의 살인행위로 인해 극도의 불안감에 빠진다. 자신의 범죄가 탄로날 두려움과 죄의식에 사로잡힌 그는 자수에 대해 고민하고 괴로워하지만 그것을 실행에 옮기지는 못한다.

더 구체적으로, 우리는 신경증에 의해 발생하는 세 가지 전형적인 범죄 행동을 확인할 수 있다. 첫 번째는 자기 처벌의 의미를 가지고 있는 실패의 신경증과 관련된 범죄행동이다. 이는 프로이트의 '(무의식적인) 죄책감에 의한 범죄자' 이론으로 '나는 죄책감을 갖고 있다. 나는 처벌받아 마땅하니 처벌을 받기 위해서 범죄를 저지른다'는 가설이다. 이 같은 역학상태 속에 놓여 죄의식과 범죄를 교환해버림으로써 주체는 오랜 시간 동안의 수동적 복종을 버리고 돌발적으로 범죄·폭력 행동을 표출하는 것이다.

두 번째 범죄행동은 공격성 또는 성욕의 억압과 관계된다. 주체가 습관적으로 자신에게 가하던 억압이 회귀해 방어기제가 갑자기 중단되면서 범죄행동이 표출된다. 이 작용도 자기처벌의 의미를 가지고 있다는 점에서 첫 번째 범죄형태와 유사하다. 하지만 첫 번째 형태와의 차이점은 강박관념과 비교될 정도로 욕동에 대해 엄격하게 방어적인 태도를 가지고 있다는 것이다. 이를 통해 종종 나타나는 범죄·폭력 행동의 욕동적 특징을 이해할 수 있다. 마지막으로 공격자의 입장을 취해 불안을 회피하려는 목적으로 발생하는 범죄행동이 있다. 이러한 범죄의 형태는 반드시 신경증적 조직과 연관되는 것은 아니고 오히려 불안한 상황을 피하기 위한 역공포적 방어기제로 볼 수 있다. 이 같은 방어기제는 신경증뿐만 아니라 다른 정신기능 방식과도 관련될 수 있다.

결론적으로, 행동표출을 통해 주체는 환상이나 망상을 정교화하거나 인식하고 통합하고 언어화하는 것을 피할 수 있게 되지만 이러한 행동은 예측이 불가능하고 종종 타인뿐만 아니라 본인에 대해서도 폭력적으로 변할 수 있다.

2_3 범죄와 정신병

정신병적 구조

(증상이 동반되거나 증상이 나타나지 않을 수도 있는) 정신병적 구조는 현실감각이 왜곡되었거나 정체성의 혼란을 겪는 상태로 다음의 양상이 나타난다.

- 자아와 정체성의 불완전한 발달 : 통합과 통제의 결정기관인 자아가 극도로 불안정하여, 정체성이 불완전함을 느낀다.
- 분열상태의 전형적 불안 : 주체는 극도의 불안과 절망, 분열, 침몰, 붕괴, 상실의 감정에 사로잡혀 자아의 존재감을 상실하게 된다. 이 같은 불안으로 인해 현실부정, 투사, 투사적 동일시, 원초적 동일시,

(대상과 자아의) 분열과 같은 전형적인 방어기제를 동원하게 된다.

- 자아와 비자아non-moi 간(좀 더 넓게는 자아와 주변세계 간)의 혼란에 의한 대상관계 방식 : 주체가 자신과 타인을 구별하지 못함으로써 본인과 타인간의 경계가 명확하게 분리되어 있지 못하다.

정신병적 행동으로의 이행

범죄·폭력 행동은 정신병적 인격과도 관련되어 발생할 수 있다. 르메이Lemay(1985)는 정신병과 관련된 범행을 두 가지로 분류하였다. 즉, 범죄 행동은 기본적인 정신병적 취약함과 반사회적 행동을 유발하는 환경과의 조화를 통해 발생될 수 있고, 혹은 정신착란 사고에 의한 정신병적 과정을 거치면서 나타날 수 있는 증상이라는 것이다. 이러한 분류법은 법심리 측면에서는 유용하고 간편하지만 정신역동적 측면에서는 실질적인 판별의 가치를 갖지 못한다. 위의 두 경우는 분열의 불안과 관련되어 인격과 정체성이 조직(정신병적 구조)되거나 붕괴(정신병적 병리)되는 방식을 근거로 발생된 행동들이기 때문이다.

문학작품에서는 범죄 행동이 정신병과 연관되어 나타나는 경우가 많지만 실제로는 정신병 진단과 범죄/범죄성(또는 형벌의 경중)을 너무 성급하게 동일시해서는 안 된다. 마찬가지로, 정신병이 다른 정신질환들보다 더 사회에 '부적응적' 이라고 생각하는 것도 위험하다(일부 신경증에서도 정상적인 생활이 거의 불가능한 증상을 나타낸다). 또한 다른 질환들에 비해서 정신병이 범죄나 반사회적 행동을 유발할 위험이 더 크다고 일반화시켜도 안 된다. 정신병질과 범죄를 결합시키는 것이 부당한 것처럼(뒤에서 더 자세히 다루게 될 것이다), 중범죄와 정신병을 자동적으로 동일화하는 것 또한 적절하지 않다.

다른 모든 정신병 증상과 마찬가지로 정신병적 상황의 범죄행동(절도, 가출, 폭행, 살인 등)은 보상기능상실(내부 조화 상실)의 증후인 동시에 이러한 보상기능상실에 투쟁함으로써 나타나는 증후로 이해될 수 있다. 행동이라는 수단의 이용과 행동의 구체적인 실현을 통해 현실에 정착함으로써 이 같은 투쟁에 기여한다. 그 결과, 행동의 역설적 특징이 나타난다 : '행동은 주체를 비현실적인 상황(해설적 암시를 지닌 행동)에 위치시킴과 동시에 연약한 주체가 현실과의 연결 고리를 가질 수 있게 한다' (cf. Pessler). 제 2장에서 보았듯이 클라인, 라캉과 같은 학자들은 행동으로의 이행이 정신병의 회피 기능이라고 지적했다. 물론, 정확한 정신병적 병리현상(즉, 구조의 보상기능상실이 자주 발생하고 지속되는 경우)과 정신병 삽화(단기적, 일시적인 보상기능상실)는 구별되어야 한다.

정신분열병

정신분열병은 급성 정신병과 기질성 정신병을 포함하는 총체적인 정신병적 질환으로 다음의 세 가지 장애가 주로 발생한다.

- 분열증의 주요 양상으로는 사고 장애와 언어 장애(혼잣말, 함구증, 신조어증), 정서 장애(정서적 둔마, '거짓된' 양가감정), 행동 장애(기괴하고 부자연스러운 행동, 타인에 대한 공격적 태도 그리고/혹은 자해) 등이 있다.
- 망상증은 모호하고 추상적이며 일관성이 없고 체계화되지 않은 성격(편집형 망상장애)을 가지고 다양한 유형(종교형, 과대형, 피해형 등)으로 나타나며 다양한 방어기제(해석, 직감, 망상, 환영, 환각)를 동원하고, 주체는 불안감과 두려움을 갖는다.

- 자폐증은 외부 세계를 위험하다고 인식하여 외부 세계로부터 자신을 고립시키고 현실과의 접촉을 끊어버린다(고립과 에너지의 탈투여 désinvestissement).

정신분열병 행동으로의 이행

정신분열증적 행동은 주로 박해적이고 강압적인 환각, 망상과 관련되어 있다. 어떤 질환을 가지고 있거나 취약한 환경에 놓여있는 일반인들과 마찬가지로 정신분열병 환자도 다양한 원인에 의해 행동을 표출하게 되는데 그 원인은 분석이 가능한 것도 있고 전혀 해석 불가능한 것도 있다. 정신분열병의 근본적인 장애는 주체의 외부현실과 질병에 대한 인식이 개인 생활과 사회생활을 제한함으로써 주체의 개인상호간 관계를 어렵게 한다는 점이다. 이와 같은 상태는 욕구불만으로 이어져 범죄행위나 자해적인 태도로 나타난다. 매 순간 외부 세계를 신체적, 심리적 안위에 대한 위협의 근원으로 인식하고 적대시한다. 그 결과, 모든 것이 자아에게는 위험의 근원이 되어버린다(Lorettu, Sanna et Nivoli 1998). 실제로, 정신분열병 환자는 구강기 수준으로 퇴행되거나 고착되었기 때문에 대상 부재로 인한 욕구불만을 견딜 능력을 갖추지 못해 불안전하고 분열된 자아의 상태에 머물러있다. 즉, 정신분열병 환자는 주체와 대상이 미분화 상태인 원초적 수준에서 벗어나지 못한다. 따라서 정신분열병 환자는 외부 대상을 주체 속으로 받아들인 대상관계 속에서 비아로부터 차단된 자아를 유지하는 것을 목표로 한다(Pedinielli et Gimenez 2002)(합일화/융합). 폭발과 소멸이라는 끔찍한 위협에 의해 주체는 분열의 불안을 느끼고 자아의 불완전성이 표출된다. 분열의 위협에서 벗어나고 자아의 파괴를 피하기 위해 정신분열병 환자는 행동표출이라는 수단을 선택하게 된다. 갑작스런 원초적 고통이 동화되지 못하고 행동으로 표출되는 것이다. 자신의 어머니를 살해한 어느 정신분열병 환자는 다음과 같이 진술하였다. "엄마의 눈 속에서 악마를 본 것 같았다…마치 누군가 나를 공격하는 것처럼 모든 것이 시작되었다…나를 조각조각 부셔버리려고 했다…거기엔 엄마와 나 외엔 아무도 없었다. 나 아니면 엄마, 둘 중 하나였다. 나는 내 자신을 지켜야 했다."

정신분열병 환자가 위험성을 갖게 되는 경우는 세상 종말의 분위기 속에서 현실감 상실, 더 나아가 발작성의 자아 상실감을 느낄 때와 분열된 자아에 대해 방어성을 띤 극도의 불안감이 공존할 때이다 (Zagury et Millaud 1998).

즉, 행동 이행의 목적은 원초적인 자기애의 회복에 있다. 주체는 자아의 확장을 저지하는 모든 장애물들로부터 벗어나기 위해 대상을 파괴한다. 하지만 행동 표출을 통해 정신적 파괴를 피할 수는 있어도 모든 정신적 흔적이 완전히 제거되지는 않는다.

모친을 살해 한 후, 프랑스의 어느 정신병원의 중환자병동(UMD)에 격리되어 있는 정신분열병 환자가 자신의 행동에 대해 다음과 같이 묘사하였다. "엄마는 마치 나와 외부 사이에, 나와 내부 사이에 침입해있는 커다란 괴물 같았다. 엄마는 내가 크지 못하도록 방해했다. 더 이상은 그렇게 살 수 없었다(…) 엄마를 방안에 가두었다. 어떻게든 그녀는 죽어야 했다(…) 엄마를 때리기 시작했고 욕을 퍼붓기 시작했다. 머리와 목을 때리면서 욕을 했다(…) 그리고 사람들은 나에게 엄마를 지켜보게 했다. 나는 일종의 환상 같은 것을 보았다. 사람들이 엄마를 병원으로 데리고 가서 치료해주고 엄마는 나아진 것 같았다. 엄마가 살아있는 것 같아 나는 두려웠다."

결국, 정신분열병 환자는 위협을 받고 있다고 느끼고 자신을 보호하기 위해서 자신도 주체할 수 없는 폭력 욕동을 발산한다. 따라서, 범죄·폭력 행위는 욕구불만의 근원과 학대의 위험을 제거하기 위한 그들만의 해결책인 것이다. 이를 통해, 말로 표현할 수 없는 그들의 고통과 고뇌의 징후인 위협과 공격을 찾아내고 이해하는 것이 중요하다는 것을 알 수 있다. 이러한 위협과 공격은 곧 타인에 대한 공격적 행동이나 자해적인 행동으로 이행될 수 있으며, 때때로 그 강도가 강렬하다. 무동기 범죄들은 정신분열로 인한 폭력행위가 통제불가능하고 갑작스러우며, 무질서적이고 심지어는 비인간적이라는 사실을 잘 보여준다. 범죄의 잔혹성에 비해 무덤덤한 당사자의 진술도 무동기 범죄의 특징이다.

1981년 4월 9일, 로베르토 수코Roberto Succo는 흉기와 곡괭이로 자신의 어머니를 찔러 살해한 뒤 몇 시간 후에 동일한 수법으로 자신의 아버지도 살해하였다. 그는 어머니의 배와 가슴, 머리를 무참히 폭행한 뒤 목 부분에 곡괭이를 박아 그녀를 살해한 뒤 욕조에 집어넣었다(…) 그리고 난 뒤, 그는 흉기로 아버지의 가슴과 배, 머리를 찌른 후 손도끼로 그의 머리를 내려친 뒤, 역시 욕조에 집어넣었다.

이처럼 그 상황에서 발작적으로 궁지에 몰렸다는 감정을 느끼고는 돌발적으로 행동을 저지르게 되는 경우가 대부분이다. 주체가 붕괴의 두려움을 견디고 다스릴 능력이 부족하기 때문에 내부세계와 외부세계와의 혼돈을 거부하기 위해서 이 같은 도피를 시도하는 것이다. 자신의 부모를 살해한 것에 대해 정신분열병 환자는 "내가 그들을 죽이긴 했지만 아마 내 안의 그들을 죽이기 위한 것이었던 것 같다"라고 진술했다. 정신분열병 환자가 자신을 역사적 영웅이나 위대한 정복자와 동일시하는 것과 마찬가지로, 그의 행동도 과대망상과 전지전능의 성격을 띠고 있으며 이 같은 착각이 자신의 부모를 살해하기까지 이르게 한 것이다. 행동으로의 이행에는 대부분 유아기의 젖빨기 경험처럼 '원시적 환상들의 단편Zagury'적 징후인 원초적 장면, 근친상간, 성적 불안감이 배어 있다. 이러한 불안은 어머니를 살해한 상황에 대한 정신분열병 환자의 진술을 통해 나타난다. "그날 저녁, 어머니는 내게 저녁을 차려주었다. 아버지는 안 계시고 집에는 어머니와 나, 둘 뿐이었다(…) 나는 위험이 다가왔음을 느꼈다(…) 어머니가 텅 빈 눈으로 날 이상하게 바라봤다(…) 어머니는 나를 유혹했고 내가 자신의 위에 올라타주길 원했다. 또 나를 거세하길 원했다."

편집증

정신병리학에서의 편집증은 만성적인 망상 상태를 의미한다. 투사의 방어기제에 지배당한 편집증적 망상증 환자는 체계적(일관성 있고 명백한)이고 (주변인들의 지지를 얻을 수 있을 만큼)논리적이며 해석과 직관적 메커니즘의 피해망상과 과대망상에 과도하게 집착한다.

정신분열병과 달리 편집증은 분열적인 증상을 가지고 있지 않으며 리비도 단계 중 가장 덜 퇴행적인 수준(항문기)에 머물러 있으므로 현실에 대한 적응력은 정신분열병보다 뛰어나다. 편집증 환자는 자아와 비아와의 차이를 인지하기 시작하면서, 외부 대상이나 외계의(침입에 의한) 공격과 박해를 피하기 위해 전지전능한 방법을 이용하여 대상과 세계를 통제하고 다스리려고 한다. 결국, 자신이 외계와 맺고 있는 연대를 유지하기 위해 극도로 엄격한 편집증적 방어 기제를 이용하게 된다. 이 모든 것은 안으로는 환상 속의 무의식 세계의 위협으로부터 그리고 밖으로는(편집증적 투사)대상의 공격으로부터 자신을 보호하기 위한 목적으로 구성된다. 결국, 편집증적 투사의 목표는 자아 보호와 파괴적 대상으로부터의 보호 사이에서 균형을 유지하기 위함이다. 여기서 자아의 파괴 욕동은 외부화되고 편집증 환자는 부사 대상이 회귀하면 자신을 파괴할 것이라고 생각하게 된다. 가학적인 침투(내사)로 자아를 분열시킬 위험이 있는 대상의 위협에 맞서서 편집증 환자는 외부 세계를 견딜 수 있을 만큼만의 거리를 유지하려고 노력한다.

편집증적 행동으로의 이행

다음과 같은 경우들에 편집증적 방어기제의 불균형이 일어나 주체가 원시적 불안상태를 느껴 폭력반응을 표출할 수 있다.

- 박해 대상이 자신으로부터 벗어났을 때 : "나는 바람핀 아내를 살해했다(…) 결혼식 날, 이제 자신은 나의 것이라며 앞으로 평생을 내 곁에 있겠다던 맹세를 저버린 그녀를 죽일 수밖에 없었다."
- 자신의 망상이 현실과 일치하지 않았을 때 : "나는 그녀가 나보다 훨

씬 늙은 놈하고 도망치는 걸 도저히 참을 수가 없었다(…) 나보다 훨씬 어린놈하고 도망칠 것이 틀림없다고 확신했었기 때문이다."

- 환상 속 자신의 전지전능함과 절대무적의 힘이 발휘되지 못했을 때: "그 간호사는 항상 나를 두려워했는데 몇 일전부터 내 힘에 대항하기 시작했다(…) 내가 창문을 그냥 열어 놓으라고 했는데 내 말을 듣지 않았다."
- 고통과 고뇌를 언어로 표현할 수 없을 때 : "나는 교도관과 판사에게 내 아들을 봐야 한다고 말하려 했다(…) 하지만 아무도 내 말을 듣지 않았다(…) 더 이상 방법이 없었다. (아내와 아들에 대해 말해주며) 그들을 없애버렸다. 나는 정말 내 아내와 아들을 만나고 싶었다."

편집증적 행위의 목적은 죽음과의 영원한 결합, 복수 욕망의 해소, 위협적이고 파괴자로 인식된 타인에 대한 공격 등 다양할 수 있지만 무엇보다 편집증의 문제는 '사악하고 비인격적인 내사'(Chazaud 1990)에 있다. 정신병적 주체가 저지르는 대부분의 범죄와 마찬가지로 폭력적 행위 표출에 의한 자기 보호는 주체의 생존 노력을 의미한다. 일단 행동을 표출하고 나면, 편집증 환자는 자신의 행위를 명백히 밝히고 정당화시키며, 곤란한 상황에 처하게 되더라도 절대 후회하지 않는다. 자신의 친구 두 명을 폭행한 가해자가 다음과 같이 주장했다 : "나는 적들로부터 나를 보호해야 했다. 그들은 나를 경멸했고 나를 해치려는 것이 틀림없었다. 내가 바로 피해자였다." 편집증 환자의 행동이행은 논리적이고 연속적인 경우가 대부분이다.

즉, 편집증적 행동은 망상적 과장으로 구성된 스토리가 망상적 논리의 결말로까지 이어지는 연장선상 속에서 표출되는 것이다.

프랑스의 어느 감옥에 수용 중인 R씨는 감옥에서 근무하는 사회복지사를 사랑하게 되었다. R씨의 증언에 따르면, 몇 달 전부터 그녀가 자신에게 특별한 친절을 베푸는 것으로 보아 그녀 또한 자신을 사랑하게 된 것 같았다고 한다. 하지만 R씨는 점차 그녀의 '부정' 을 의심하기 시작했고 그의 질투심은 커져만 갔다. 그녀가 의심스러운 행동들을 했고 그녀와 수감자들이 그에게 '뭔가를 숨겼다' 고 주장했다. 그녀를 감시하기 시작한 이후, 그는 그녀가 같은 감옥의 수감자와 동거하는 것이 틀림없다고 결론지었다. 그녀의 거짓과 배신을 확신한 그는 수 차례에 걸쳐 그녀를 위협하기 시작했다. 하지만 그의 협박은 상황을 더욱 악화시켜 R씨는 죽음의 위험을 느끼게 되었다. 그녀의 애인이 음모를 꾸미고 있고 자신을 죽일 것이라고 생각했기 때문이다. 그는 자신이 먼저 행동하기로 결심하고 동료 수감자를 살해했다.

그가 느낀 위험과 그가 행동을 이행하도록 유도한 것은 그 자체로는 망상적 사고의 논리에서 비롯되었다기 보다는 자신의 방어기제의 실패로 인한 위협에서 비롯된 것이라고 볼 수 있다. 즉, 편집증적 행동은 자신의 죽음과 타인의 죽음을 통해 내부 세계의 질서를 회복하기 위한 목적으로 표출되는 것이다.

기타 정신병적 장애

정신병적 상태의 특징은 그 증상이 일시적이라는 것이다. 이러한 증상들은 정신병적 형태(망상, 현실과의 단절)를 띠고 있긴 하지만 이런 증상을 가지고 있는 사람들이 반드시 정신병 환자는 아니라는 사실을 명심해야 한다. 따라서, 우리는 어떤 한 순간의 총체적인 장애로 나타나는 정신병적 상태와 특정한 기능과 체질에 문제를 갖고 있는 정신병적 주체를 구분하는 것이 필요하다. 즉, '인격 구조'와 '장애'가 서로 혼돈될 위험성을 안고 있다는 사실을 인지해야 한다. 예를 들어, 급성 정신장애가 반드시 정신구조의 병리를 의미하는 것은 아니며 신경증과 같은 다른 증상일 가능성도 있다.

급성 정신장애

급성 정신장애는 갑자기 나타나는 정신병적 상태로 망상과 같은 다형적(과대형, 피해형, 종교형)이며 동일한 증상(환청, 환시, 환미 등)으로 나타난다. 주체는 망상적 경험에 집착하고 의식은 반 수면상태(멍하거나 무심한 표정)에 머물러 있으며, 기분 좋은 상태와 우울한 상태가 교대로 나타난다. 이러한 정신상태는 절도나 폭행 같은 폭력 · 범죄 행동으로 이어질 위험이 있다.

기타 기질적 정신장애

기질적인 정신장애는 우울증과 조증 및 조울병과 같은 기분장애나 정신장애를 의미한다. 계통학과 증상에 따라 다음과 같이 분류된다.

- 극도의 우울한 기분이 우울증의 핵심증상이며 심각한 경우 혼미상태로까지 발전될 수 있다. 심각한 우울 증상으로 인해 지적 능력 감퇴 및 정신활동 저하, 강렬한 심적 고통을 동반한 우울한 기분, 자율신경계 장애(소화장애, 수면장애 등), 우울한 망상(무가치감, 부적절한 죄책감 등) 등이 나타난다. 우울증은 행위로 표출될 수 있는 사회적인 위험성과

취약성을 띤 임상적 징후도 동반한다. 하지만 무엇보다도 우울증 상태에서는 심각한 자살충동으로 인한 자해행위가 가장 치명적이다.

- 조증은 신체적이고 심리적인 흥분의 폭발 상태로 그 증상은 행복감, 비정상적인 극도의 활동성, 지적 과정 촉진, 산만한 사고의 연상작용, 산만한 언어, 주의력과 집중력 저하, 피로감을 느끼지 못하는 수면 욕구의 감소, 식욕감퇴 등으로 나타난다. 이와 같은 조증의 상태는 망상증을 동반하여 과대망상 및 예언자적 망상 등에 의해 폭행이나 범행을 유발할 수 있다.
- 조울병은 조증 상태와 우울증 상태가 교대로 나타나는 병이다. 임상적으로, 조울병이 돌발적으로 반복될 때 조울병 환자는 자해 행위를 할 위험성이 있다고 밝혀졌다.

30세의 프랑스인 F씨는 자신의 부인을 폭행한 후, 정신병원에 수감되었다(…) 그는 강박적인 살인 충동과 수면장애, 삶의 의욕 상실 등의 증상을 가지고 있었다(…) 그는 숨이 막힐듯한 느낌과 함께 심각한 불안증세를 호소했다. 주기적으로 자살 욕망에 사로잡힌 F는 다섯 번에 걸쳐 자살을 시도 하였다(…) 5년 동안 동거했던 M씨와 결별한 지 6개월 만에 F씨의 이러한 증상들이 나타나기 시작했다. "그녀를 보자마자, 첫 눈에 그녀를 사랑하게 되었고 그녀에게 도움을 주고 싶었다. 그녀를 만나기 전까지 아무 의미 없던 내 인생이 그녀를 만남으로써 의미를 갖게 되었다." M씨와의 이별을 받아들일 수 없었던 F씨는 주기적으로 그녀의 집을 찾아가 자신에게 되돌아오라며 간청을 해보고 협박도 했다(…) 그리고 그녀와의 폭력적인 말다툼도 반복되었다(…) 결국, 흥분한 F씨는 M씨의 머리와 얼굴을 구타했다(…) F씨는 자신이 왜 이 지경까지 오게 되었는지 모르겠다며 자신의 행동을 뉘우쳤다(…) 자신은 이제 아무런 쓸모도 없는 인간이라며 더 이상 살고 싶은 욕구도 없다고 심정을 토로했다(Lôo et Olié 1997).

2_4 범죄와 경계성 인격장애

경계성 인격 조직

대표적 인격 구조 장애인 신경증과 정신병에는 해당되지 않는 정신기능 방식과 임상 징후들이 존재하는데, 이것을 베르쥬레Bergeret는 '경계성 인격장애états limites' 라고 지칭하였다. 영어로는 boderline으로 표현된다(cf. Charrier et Hirschelmann-Ambrosi 2004). 현재 많은 전문가들은 경계성 인격장애를 독립적인 질병으로 분류하고 있지만, 모든 정신분석 이론들이 '경계성' 이라는 개념을 인정하고 있지는 않다. 경계성 인격장애자는 유아기에 심각한 장애 없이 오이디푸스로의 과정을 겪지만(오이디푸스 초기에) 대상 부재에 대해 극도의 위협을 느낀 경험을 가지고 있다. 베르쥬레는 이것을 '초기 심리적 트라우마' 또는 최초의 주체 발달의 파괴라고 명명하였다.

가상 잠복기 초기에 고착된 경계성 인격은 사춘기를 지나 성인기에 혹은 인생 전체에 걸쳐 나타나게 된다. 이처럼, 성적으로 미분화된 자아의 정동이 성숙 단계에 이르지 못하고 발달이 정지한 상태를 베르쥬레는 '경계성 인격의 공통 경로tronc commun' 라고 지칭하였다. 경계성 인격은 앞서 연구된 정신병과 신경증의 불변성이나 상관성, 특이성을 갖고 있지 않다. 고정되지 않고 일시적으로 '인격 조직' 이 '구성된' 상태지만 큰 변화 없이 장기간 지속된다. 그래서 베르쥬레는 인격의 구조가 아닌 인격의 경계성 조직이라고 지칭했다. 가상 잠복기에 고착된 주체는 애정관계에 의심이 많고 자신의 욕동을 통제하지 못할 것에 대한 두려움을 가지고 있다(Bergeret). 지나친 타인 의존도를 기반으로 한 이른바 의존적 대상 관계를 갖고 있는 주체에게 가장 직접적인 위험은 우울증이다. 대상이 없을 때 깊은 우울증에 빠지게 되는 주체는 현실 속에서 대상이 사라질까 언제나 두려움을 가지고 있다. 경계성 인격 장애자는 상대가 자신을 만족시켜주기만을 수동적으로 기대하고 상대의 폭력적인 행위도 참아내면서까지 상대에게 전적으로 의지한다. 이처럼 의탁적인 대상관계 속에서 주체는 극도의 애정결핍 증상을 드러내고 상대가 자신을 이해하고 존중하고 지지해주기를 강렬히 바란다. 의존적인 자아로 인해 주체는 상대에 더욱 의지하게 되고 상대는 주체의 원초적인 자기애적 상처를 치료하고 동일시 과정에서 부족했던 애정결핍을 보충해주는 역할을 담당하게 된다.

베르쥬레에 따르면, '2차 파괴적 트라우마'는 경계성 우울증, 망상 삽화, 정신신체 장애, 행동과 같은 보상작용상실의 형태로 나타난다. 주체는 자신의 불안감을 떨쳐내기 위해 분열, 미숙한 이상화, 전능감, 평가절하, 행위표출 등의 방어기제를 주로 사용하게 된다.

경계성 인격 장애의 행동으로의 이행

주체에 잠재되어 있는 실존적 불안은 내부 자극막이pare-excitation의 취약함으로 인해 폭력·범죄 행동으로 표출될 위협을 끊임없이 받는다. 행동 표출은 주체가 우울증의 근원으로부터 자신의 존재를 보호할 수 있는 해결책이다. 대상상실의 경험을 동화하는데 필요한 적절한 보호를 주변에서 받지 못할 경우, 주체는 행동으로 이행하게 된다(cf. Gutton). 즉, 행동표출은 본인이 관계의 독립성과 특정한 능력을 가진 인격을 소유하고 있는 것처럼 타인과 주체 스스로에게 믿도록 '그런 척 함faire semblant'의 수단인 것이다. 결국, 범죄행동의 표출은 자기애적 치료를 목표로 한 합일화와 파괴의 교대 행위라고 볼 수 있다. 마약이나 술의 힘을 빌려 저지르는 절도행위의 경우를 예로 들어보자. 이러한 행동들은 때로는 희생자로 때로는 학대자로 인식되는 부모의 이미지와 주체 자신에 대한 공격과 인간 관계에의 호소, 상징적 복구가 결합되어 발생한 결과물이다(Lemay 1985, Kernberg 1975).

우리는 프랑스의 어느 교도소에 수감 중인 S씨를 만나보았다. 54세의 그녀는 15세 미만 미성년자(재혼한 남편의 아들)에게 독극물을 먹여 살해를 시도한 혐의로 15년 징역형을 선고 받은 상태였다. S씨는 자신이 피해자였던 것처럼 말하고 부부싸움과 행위에 대한 모든 이유를 남편에게 돌렸다. "모든 게 그 애 아빠 탓이에요. 그는 감정을 무시했어요(…) 저는 우울증에 빠졌었고 이것을 끝내버리고 싶은 생각 뿐이었어요(…) 아이에게 쥐약을 먹인 뒤 저도 먹었어요." 이와 같은 문제들로 인해 그녀는 자기애적 상처를 입었고 가족을 구성하고 싶었던 그녀의 의지는 실패로 돌아갔다. 마조히즘적인 성향의 그녀는 애정과 인정을 받기 위해 자신이 모든 것을 희생하는 것 같은 고통의 순간에 만족감을 느꼈다. "그 남자와 재혼을 하게 되면서 전 그의 아들을 돌보려고 다니던 직장도 그만두었어요(…) 두 번째 결혼에서는 행복해지고 싶었어요." 이 같은 애정 추구는 가족 간의 애정과 의존뿐만 아니라 신체적, 심신적 표현 방법, 반복적인 공격적 행동(자살시도)의 표현방법과 같은 개인의 과거력과 관련되어 있다. "저는 제 부모님과 2-300km도 떨어져 있지를 못했어요. 여러 번 노력해 보긴 했지만 부모님과 멀리 떨어져 있다는 불안감에 등교 첫날부터 아팠던 적도 있어요. 부모님과 떨어져 있지를 못하고 부모님이 옆에 없으면 거의 마비증세까지 나타냈었죠." 그녀의 행동은 남편(의존적 관계)에게 버림받고 거부당했다는 생각에 고통받는 감정이 격정적인 동기를 제공해 발생한 애정적 표출 행위에 해당한다. 자학적이고 타인을 향한 공격적인 행동의 원인은 자신의 삶 전체를 망쳐버린 상황을 바꿀 수 없다는 무력감과 실망감에 있다.

2_5 범죄와 도착증, 정신병질

도착증 perversion

사회도덕적 측면에서 도착자와 도착증을 언급하기에는 이 단어들이 적잖이 부담스러운 의미를 내포하고 있다. 따라서 노출증 같은 행위가 다른 유형의 인격장애(예컨대, 신경증적 구조)일 수도 있는 가능성은 배제한 채, 비이상적이라고 판단되는 성적 행동이나 일탈을 '변태적' 인격으로 쉽게 치부해버리는 경향이 있다. 하지만 반대로, 변태적 인격을 가지고 있으면서도 겉으로는 아무런 성적 일탈이나 혼란이 표출되지 않는 경우도 있다. 즉, 성적 도착이라는 개념이 성규범, '일탈적' 인 성적 행동, 변태적 구조 사이에서 혼돈되어 사용되고 있는 것이다. 특히, 성폭행의 경우, 행위의 '잔혹성' 때문에 행동의 책임을 '변태적' 주체에게만 전가해버리는 경우가 자주 발생하는데 이는 행동의 정신병리학적 의미를 무시하고 일반화시킬 위험이 있다. 실재로, 정신병리학자들에게 성적도착이라는 용어는 주체의 행동유형뿐만 아니라, 성적 태도(성적도착), 병리적 특징, 타인과의 관계방식 등을 모두 포함하는 좀 더 특수한 의미로 사용되고 있다(Pirlot et Pedinielli 2005). 여기에서는 성적도착, 도착성, 도착증의 세 가지 개념을 구분해보도록 할 것이다.

성적 도착증 perversion sexuelle

성도착증은 정상적이지 않은 물체나 신체부위, 혹은 특수한 상황에서 성적 만족감이나 오르가즘을 느끼려는 습성으로, '정상적' 인 성적 행동을 벗어나는 성적 일탈이다. 페티시즘, 가학증(사디즘), 피학대증(마조히즘), 관음증, 노출증, 소아기호증 등이 성적도착의 예에 해당한다. 미국정신의학회의 정신장애의 진단 및 통계편람(DSM-IV-TR)에서는 성적도착을 '도착성 성장애paraphilies' 로 분류하고 있으며 정신병에 대한 국제질병분류 제10판(CIM-10)에서는 '성적 취향 장애' 로 규정하고 있다. 일부 성적 도착증(예를 들어, 마조히즘)은 사법적 처벌이 필요 없지만, 소아 기호증과 같이 법적 처벌이 요구되는 도착증도 존재한다.

> 프랑스의 어느 여성 교도소에서 수감자 A씨와 R씨의 예를 들어보자. A씨는 자신의 남편과 함께 사도마조히즘적인 성관계를 맺어왔다고 밝혔다. "남편은 나를 때리거나 끈으로 묶어 놓고 섹스하는 걸 좋아했다." 성관계에 있어서 그녀의 수동적인 위치는 그녀를 외도로 이끌었다. "남편이 나의 첫 남자였다. 결혼 전에는 성경험을 가져본 적이 없다. 그것이 당연한 것인 줄 알고 남편의 폭력과 성욕, 모욕을 모두 견뎌야 했다(…) 나는 다른 남자들도 남편과 똑같은지 확인해보고 싶었다(…) 이번에는 내가 누군가에게 나의 성욕을 강요하고 복종시켜보고 싶었다."
>
> R씨는 15세의 미성년자 강간혐의로 구속되었다. 그녀와 그녀의 남편은 3년 동안 주기적으로 자신의 아이들이 보는 앞에서 포르노 영화를 켜놓은 채 성관계를 맺었다. 그리고 두 아이들에게도 자위나 삽입 같은 성행위를 강요했다.

도착증적 성향 perversité

도착성은 의식적으로 타인에게 고통을 가하면서 이기적인 만족감을 느끼는 성향이다. 도착성은 성적 도착과는 구별되는 양상들이 사회 생활과 인간관계, 직업 생활 등의 모든 영역에서 나타날 수 있다(예를 들어, 고의적으로 타인에게 신체적, 정신적 고통을 가하는 것).

> 프랑스의 어느 여성 교도소에서 수감자 F씨를 만났다. 그녀는 감금과 고문, 잔혹행위 혐의로 구속되었다. 한달 동안, 그녀는 두 명의 공범과

함께 '악마가 씌였다' 는 피해자를 감금했다. F씨는 그가 도주를 시도하면 신체적 보복을 가했다. 그가 '악마' 로부터 벗어나게 하기 위해 그에게 자살을 권유하고 차용증서에 서명을 강요했다. 피해자의 팔을 뒤로 묶어 고문을 가하고 집안일을 시킬 때만 가끔씩 밧줄을 풀어주었다. 바닥에 얇은 이불만 깔고 재우고, 5일 중 하루만 먹을 것을 주었다. 이 같은 그녀의 고문과 잔혹행위(몸을 불로 지지거나 소변을 마시도록 강요하고 몽둥이와 주먹, 발로 구타 등)는 한달 동안 지속되었다.

도착증 la perversion

도착증은 인격 기능의 방식으로 자아 분열, 성적 차이의 거부와 거세의 거부로 인해 발생한다. 정신분석적 정신병리학의 패러다임에서 도착증에 대한 논의는 여전히 합의점을 찾지 못하고 있다. 특히, 여성과 아이 내부에의 도착증의 존재 여부와 이상 상태와 병리와의 관계, 도착자의 분석적 치료, 환상과 도착적 행동 간의 관계(Pirlot et Pedinielli 2005), 도착증의 지위 등과 관련한 문제에 대한 논의가 여전히 진행 중이다. 예를 들어, 베르쥬레는 도착증을 인격구조로 인정하지 않고, 신경증과 정신병만 인격구조로 규정했다. 베르쥬레에 의하면, 도착증은 프로이트의 고전적인 도착증과 관계된 '도착적 구성' 으로서, 혹은 도착성을 띤 도착자의 '성격 도착' (라카미에를 비롯한 일부 학자들이 규정한 자기애적 도착 이론과 유사)으로서 경계성 인격장애의 변종이다. 하지만 임상적 측면에서의 정신분석적 정신병리학 내에서는 도착증이 불변적인 도착적 정신기능으로 이해되고 있다. 실제로 도착증은 거세에 대한 회피로부터 발생한다. 성을 구성하는 단계까지 도달하지 못한 주체는 성적차이 즉, 여성과의 차이를 거부함으로써 거세 불안(베르쥬레는 자기애적 우울증으로 봄)을 갖게 된다. 주체는 거세불안을 심리적으로 정교화할 능력이 없기 때문에 우울증(즉, 대상 상실)과 이타성의 발견을 정교화하는 것도 불가능하다. 성의 분화와 성기적 성욕이 주체에게는 위협으로 인식되기 때문에 도착증은 욕동과 성감대를 향한 지속적인 고착의 양상을 나타낸다. 이러한 고착은 자기애의 결핍으로 인해 자아에 의해 동화될 수 없었던 유아기의 첫 경험과 관련되어 있다. 결국, 제대로 형성되지 못한 초자아는 자기애적, 모성적, 남근적인 자아의 이상형(관대하고 자의적인 초자아)을 기반으로 작동한다. 적절하게 자기애를 회복하지 못한 채, 완전한 대상을 발견하지도 못하고, 효율적인 2차 과정을 겪지도 못한 도착적 주체는 부분적인 성감대와 대상을 통해 불완전한 만족감을 얻을 수 밖에 없게 된다. 또한, 거세불안에 투쟁하기 위해 주체는 관계 속에서 타인을 통제하고 소멸시키고, 빼앗으려는 욕구를 바탕으로 한 지배적 관계를 맺는다. 즉, 도착증의 원인은 대상 구성의 부분적 실패에 있을 뿐만 아니라 마강한 방어적 착각의 유지에도 불구하고 일어난 '자기애적' 실패에 있다. 이러한 실패를 보상받기 위해서 주체는 '타인의 생각과 욕망을 제어하고 지배하려는 목표를 바탕으로 한 관계를 연출' 하게 된다 (Dorey 1981).

도착적 행동으로의 이행

도착증 환자는 기꺼이 타자의 향락jouissance을 지배하는 지배자를 자처하고 나서서 자신의 자기애적 완전함을 유지하려고 한다. 이 같은 관계적 시나리오는 특히 성과 관계되어 나타나게 되는데, 이러한 지배관계가 가장 잘 작용할 수 있는 분야이기 때문이다. 주체에게 막강하게 느껴지는 어머니의 이마고는 주체를 소유하고 주체가 자기애적 붕괴와 상실, 거세의 불안에 맞서 싸우는 것을 방해한다. 따라서 주체는 어머니의 이마고에 대한 저항으로 범죄행동을 실행한다. 임상학적이고 심리범죄학적 측면에서 성폭력은 인격 조직(타인의 도구화와 지배의 욕망과 추구, 이타성 거부, 행동표출, 분열)으로서 각각 성적도착의 유형(예를 들어, 소아기호증)과 도착성의 유형(예를 들어, 사디즘과 폭력이 잠재된 행동표출), 도착증의 유형을 한꺼번에 보여준다. 결국, 모든 성폭행 가해자가 도착적 구조에 해당되는 것은 아니며, 신경증환자나 정신병자도 폭력적인 성적 행동을 나타낼 수 있다.

발리에(1996)는 성폭행과 성범죄 행동은 도착증의 특징들을 가지고 있다고 보았다. 그는 '성적 도착증'과 '성적 도착성'을 구분하였다. 즉, 성적 도착증은 유희적인 각본에 의해 성을 구성하는 것이고 성적 도착성은 정신병을 피하려고 자아를 분열시키고 폭력적인 성적 행동을 일으키는 것이다. 성도착성에서의 자아의 표상은 타인의 육체적, 심리적 파괴에 근거를 두고 있다. 이러한 의미에서, 주체의 성폭력 행동은 자신의 생식기적 성욕을 부인하는 태도와 관계가 있다. 도착적 주체는 성욕을 인식하고 인정하기는 하지만 자신의 성욕을 억제된 행위로 특히, 매우 취약한 자기애적 인격의 안위에 덜 위험한 행위로 왜곡시킨다. 같은 논리에 의해, 도착적 구조나 도착적 상태의 성폭행자는 자신의 행동을 교육적 의도("성교육의 일환이었다")나 유희적 유도("그냥 장난이었다")를 핑계로 대며 정당화시킨다. 성폭행범이 자신의 행동을 부인하는 것을 죄의식이 결여된 것으로 이해하는 경우가 대부분이지만, 자기애의 붕괴에 대한 투쟁으로도 해석될 수 있다. 부셰 케르벨라Bouchet-Kervella(1996)에 의하면, 소아기호증적 행동은 유아기에 형성된 자아의 균열을 복구하려는 자기애적 노력이다.

> 발리에(1998)는 도착자와의 면담보고서를 통해 도착증을 묘사하였다. '겁에 질린 모습을 하고 가늘고 낮은 목소리의 X는 10살의 A양에 대한 사건 경위를 아무런 감정도 드러내지 않고 무덤덤한 목소리로 세부사항과 자신의 느낌에 대해 진술했다(…) "저는 며칠 전에 길거리에서 A를 보았어요…그녀를 보자마자 그녀의 몸매와 긴 금발이 마음에 들었죠…바로 A를 사랑하게 되었어요(…) 오후 4시 반쯤 그 애 집 앞에 도착했어요(…) 아이의 등 뒤로 다가가서 그 애 입술에 제 손을 댔어요. 아무런 반응도 없었어요. 마치 그 애도 저를 기다리고 있었던 것 같았어요(…) 공중에 떠있는 기분이었어요. 그 순간부터 저는 과감해졌어요 포기할 수 없었죠. 말 그대로 제 계획을 실행에 옮겨야 했어요(…) 우리는 A의 어머니 방으로 들어갔어요. A를 침대 위에 놔뒀죠. 기분이 안 좋아져서 공기를 쐬러 베란다로 나왔다가 다시 방으로 들어갔어요. 전 생각했죠. '여성이란 무엇인가?' 손가락으로 A의 성적 부위들을 만졌어요. 저는 그 느낌이 어떨지 조금 궁금했거든요. 만지니까 기분이 좋더라구요. 의사가 핏자국을 발견했다고 판사는 말했지

만 전 때리지는 않았어요. 모르죠, 아마 제가 의식하지 못한 사이에 폭력적이었던 것일지도 모르지만요(…) 그리고 A를 욕실로 데리고 갔어요. 내 환상 속에서 그 아이가 젖어 있는 걸 보았어요. 욕조 안에 A를 넣었어요. 아이가 물에 닿자 비명을 지르기 시작했어요(…) 전 딱 두 마디 했어요. "닥쳐, 닥치라구!"(...) 나는 그애를 죽이고 싶지 않았어요."

정신병질

개념의 위험성

정신병질자psychopathe와 정신병질psychopathie은 반사회적 행동과 관련하여 사용되는 것이 일반적이긴 하지만 이 개념은 두 가지 난해함을 가지고 있다. 하나는 용어 정의에 관한 것이고 다른 하나는 정신병질이 정신병리학에서 차지하고 있는 위치에 관한 것이다.

현재, 폭력적인 주체나 범죄자를 심리학적으로나 정신병리학적으로 분석하는데 있어 곧바로 주체의 정신병질적 문제를 다루는 것이 당연한 것처럼 여겨지고 있다. 하지만, 앞에서도 언급하였듯이, 심리학적 관점과 정신병리학적 관점에서 볼 때, 다른 모든 행동과 마찬가지로 범죄행동도 다양하고 수많은 인격 조직에서 발생하기 때문에 모든 범죄행동을 일반화시키는 불가능하다. 즉, 정신병질과 범죄 사이에는 절대적이고 일방적인 유추가 불가능하다. 또한 정신병질과 정신병질적 행동의 개념을 일탈과 주변화marginalité의 개념으로 단순하게 축소시켜서도 안 된다. 우리의 정신병리적 연구방식을 사회 규범만 전적으로 따르는 사회학적 기준(일탈)이나 지배적인 사회적 가치(주변화)에 종속시켜 버릴 위험이 크기 때문이다. 북미에서 처음 사용된 사회병질sociopathie의 개념은 사회부적응의 의미와 직결된다. 하지만 사회병질의 개념에는 부적응과 병리학이 상호적으로 동화되어 있기 때문에 이 용어를 사용하는 데에는 위험성이 뒤따른다. 따라서 '사회병질' 이란 용어는 주변화의 의미와 관련되어 주로 사회적 또는 가족적 문제에 해당하는 반사회적 행동을 의미할 때만 사용하는 것으로 보류해두는 것이 낫겠다.

다양한 견해들

정신병리학에는 정신병질에 관한 다양한 견해들이 존재한다. 즉, 기질적 모델modéles constitutionnels(cf. Caroli et Olié; Pascalis), 정신병질적 인격 모델(cf. Schneider), 정비학파 모델(cf. Cleckley), 인류학적 모델(cf. Ey), 정신의학적 분류(DSM-IV)와 CIM-10(국제질병분류 제10판, Mises et Quemada) 등이 있다. 일찍이 정신병질은 무의식적 죄의식에 대한 연구의 틀 속에서 정신의학적 접근법을 통해 연구되었지만, 최근에는 정신병질적 상태를 일으킬 수 있는 조발성 정신착란이 특히 강조되고 있으며 정신병질의 위치에 대한 논의가 진행되고 있다. 실제로 빌레르뷔Villerbu(2001)를 비롯한 일부 학자들은 신경증, 정신병, 도착증과 똑같이 정신병질도 인격 구조적으로 이해할 수 있다고 주장했다. 반면, 베르쥬레는 용어의 고유 의미로 볼 때 정신병질은 인격 구조에만 해당하지 않는다고 보았다. 다형적 단위로서 정신구조에 해당될 수도 있고 드물게는 신경증적 구조에, 또는 도착적인 인격 조정과 성격장애적 조정의 범위에서는 종종 경계성 조직에 해당될 수도 있다고 보았다. 샤르티에Chartier (1998)는 강박적 행위 표출의 성향으로 정신병질자들을 구분하고 그들을 도착적 구조 내에 포함시켰다. 하지만, 정신병질과 도착증의 미묘한 차이로, 정신병질자들의 거부 대상이 법률과 권위라는 점을 강조하였다. 결국 '부인deni, 도전defi, 범죄delit' 의 형식, 일명 '3D' 에 따라 법이나 규칙에서 벗어남으로써 행동이 표출된다(Chartier 1998).

- 부인(행동 그리고/또는 결과의 부인)은 타인과 주체자신에게 미치는 행동의 결과를 고려할 수 있거나 스스로를 행동의 책임자로 인식할 수 있는 능력의 상실을 의미한다. 따라서 정신병질자는 자신이 유발한 문제에 대해서도 그 원인을 타인에게 돌려버리는 성향을 가지고 있다.
- 도전은 자신의 전능함을 드러내기 위해서, 다양한 형태의 법률과 권위에 대한 도전뿐만 아니라 자신과 타인에 대한 도전을 의미한다.
- 범죄는 부인과 도전의 결과물로서, 위반의 성격을 띤다. 올라니에Aulagnier는, 정신병질적 행위들의 위반적 특성은 '욕구충족을 조절하는 능력과 금지된 것과 허용된 것, 합법과 위법을 구분할 수 있는 능력' 을 상실한 것이라고 정의했다.

정신 병리적 불변요소

질병원인론적 관점에서 대부분의 학자들은 정신병질의 원인이 분화는 되었지만 양가적인 어머니와의 대상관계에 있다고 강조하였다. 아이에 대해 양가감정을 가진 어머니는 거부–공격성–와 회복–죄의식–의 교대방식으로 아이와의 관계를 형성한다. 이와 같은 강제적이고 갑작스러운 분리는 아이의 안정적인 동일시 과정을 방해하여(Meloy 2000) 결국 동일시 과정이 결여된 상태로 남게 된 아이는 파괴적인 교대 방식을 피하기 위해 착각 속으로 자신을 도피시켜 자신 스스로가 상황을 통제하려 한다. 따라서 그는 전지전능 혹은 '자기애적 과대망상'의 위치에서 착각의 방식으로 자신의 운명에 대한 유일한 지배자가 된다(cf. Deutch). 이 착각을 유지하기 위해 아이는 자신을 위협하는 행위 즉, 착취와 공격성을 모방하기로 한다. 타인을 잠재적인 공격자로 인식한 아이는 타인의 공격으로부터 자신을 보호해야 할 필요성을 느끼고 착취자와 피착취자 놀이를 만들어낸다. 이 놀이에서 생존이 불가능한 피착취자의 진영으로 떨어지지 않기 위해서 아이는 힘센 편에 속하려 한다(Van Gijseghem 1988). 정신병질적 인격은 대상 상실의 위협과 위험한 부모의 이마고로 인한 자기애적 우울증의 위험과 갑작스런 평가절하의 위협에 끊임없이 대항하기 위해서 다양한 방법을 구사한다 (Greenacre 1945). 따라서, 정신병질자는 모든 욕구불만을 견디지 못하고, 모든 종류의 자극을 끊임없이 추구하며, 취약한 '내면'에 에너지를 투여하는 정신화 mentalisation 과정을 회피하고, '사고력'의 결핍으로 행동에서 경험을 얻어내는 능력을 상실한다. 또한, 구체적이고 즉각적인 욕구가 범죄 폭력 행위를 결정한다. 성적 만족이나, 권력의 인정 혹은 돈, 물질적 성취 등 무엇이 되었든 간에 끊임없이 뭔가를 취하려 한다. 결국, 사이코패스의 최종목표는 '(더 이상) 이용당하지 않기 위해서 이용하려는 욕구, (더 이상) 타인에게 의존하지 않기 위해 (권력이나 유혹의 방법으로) 권력을 취하려는 욕구'에 있다(Van Gijseghem 1988).

발리에(Balier 1998)의 연구과정에서 소개된 앙드레의 예를 살펴보자. '25살의 앙드레라는 젊은 청년은 정신병질의 가장 전형적인 특징들을 가지고 있다. 이미 화려한 전과경력을 소유하고 있는 그는 14살 때 상습절도 혐의로 처음 구속되었다. 그 전과를 통해 앙드레는 '두목' 들의 세계로 입문할 기회를 얻었기 때문에 그는 이를 매우 자랑스러워했었다. 자신이 머물던 보호시설에서 가출한 뒤 폭행과 강도행위를 일삼으며 주기적으로 감옥을 드나들었다. 한동안은 술과 마약에도 손을 댔다… 앙드레의 부모는 그가 3살 때 아버지의 폭행과 알코올중독으로 이혼을 했다. 그의 누나는 어머니와 살게 되었지만 앙드레는 위탁가정과 아동 보호시설을 전전하며 살아야 했다. 그가 보호시설에 있는 동안 그의 어머니는 재혼을 했고 두 딸을 낳았다. 앙드레는 종종 어머니 집에 가곤 했지만 새아버지와의 잦은 충돌 때문에 어머니를 찾아가는 날이 점점 뜸해졌다. 시간이 흘러, 앙드레가 16살이 되었을 때는 어머니를 때리려는 새아버지에게 총을 겨눈 사건이 발생했다(…) 도중에 학업을 포기하고 아르바이트를 시작했지만 일에 구속되는 것을 참지 못하고 뛰쳐나와 점점 범죄의 길로 빠지게 되었다. 그는 자신의 애정결핍과 버려졌다는 느낌을 토로했고 짧은 순간이지만 그런 생각이 들 때마다 술을 마셨다고 고백했다(…) 누이들은 어머니와 함께 살았는데 본인만 시설로 보내진 후부터(어머니로부터) 버림받았다는 느낌을 느꼈다고 했다. 그리고 그 이유는 어머니가 소년들을 싫어하기 때문이라고 확신하고 있었다. 현재 그는 재활치료센터에서 그를 돌보는 사람들에게 긍정적인 에너지를 투여하며 치료를 받고 있다(…)'

2_6 범죄와 청소년

청소년기

청소년기는 아동기에서 성인기로 넘어가는 과도기적 시기로, 생리적 변화와 심리적 변화를 겪게 된다.

- 신체적, 심리적 변화와 신진대사, 호르몬의 변화를 동반한 사춘기의 생리적 변화를 통해 생식할 능력을 갖추게 된다.
- 뿐만 아니라 실질적이고 충동적인 신체의 변화에 자극을 받아 심리적 불균형이 일어나면서 심리적 변화도 경험하게 된다(cf. Gutton 1991). 청소년기에 이른 신체가 욕동을 표현할 능력을 갖추게 되면서 신체와 욕동의 관계가 아동기 때와는 다르게 변화한다. 결국, 청소년기부터는 생식기적 성욕이 가능해지고 성적 행위를 표출할 수 있게 되면서 환상과 오이디푸스적 문제가 다시 활성화 된다.

따라서, 사춘기는 주체의 정신 조직에 불균형을 일으키는 요소로 작용하고, 세계와의 관계 속에서 자아가 기능할 수 있는 능력에 상애를 일으킬 수도 있다(Kestemberg 1999). 또한, 청소년기의 또 다른 특징으로 정신의 자율성과 수정 작업이 있다. 즉, 청소년은 두 가지 불안감에 직면하게 되는데, 타인의 관심을 받고 있는 경우에는, 자신이 의존하고 있다는 두려움을 갖는 반면, 아무의 보살핌도 받지 못하고 있을 경우에는, 버려졌다는 두려움을 느낀다. 이 같은 청소년 고유의 관계적 패러독스가 충돌을 일으키는 것이다. 신체와 정신의 변형, 예전 (오이디푸스적) 충돌의 부활, 정체성과 자율성의 추구, 감정의 폭력, 욕망의 성화 등은 존재의 본질적 '단계' 인 청소년기에 필연적으로 수반되는 증상들이다.

이 같은 사춘기의 '정상적인 문제들' 이 심리적, 신체적 성숙과 독립적인 성인의 인격을 갖추기 위해서 필수적이라는 사실을 인식하는 것도 중요하지만, 청소년기에는 또한 관계의 어려움으로 충돌과 위기가 유발되고 위험성이 다분한 행동들도 표출된다.

청소년 행동으로의 이행

청소년기는 행동이 표출되기에 필요한 모든 조건을 갖추고 있는 듯하다. 위기의 요소들이 예측되자마자, 그 증상들은 더 활발하고 더 강렬하게 나타난다. 즉, 행동의 대상이 자신이든 타인이든 상관없이 증상은 행동 이행의 단계와 더 근접해진다.

청소년기에는 사회적 행동의 장애, 자살 시도, 가출, 술과 마약의 복용, 난잡한 성생활, 다소 범죄성을 띤 행위 등이 나타날 수 있다. 청소년기의 행동표출은 자아 모색의 의미를 가지고 있다는 점에서 일종의 시험의 목적을 띠고 있다. 청소년은 사회적, 성적 정체성을 추구하면서 행동의 수행이 자신의 존재의 본질인 것처럼 행동한다(Lesourd 1994). 다시 말해, 청소년의 행동 이행의 목적은 주체가 행동을 취하고, 자신의 욕망 표출을 '행하는 것' 의 장본인이자 당사자가 되려는 것이다. 그러나 청년기와 관련해 그들의 행동을 진단하기란 매우 까다로우며 특히, 범죄행동에 대해서는 더욱 그러하다.

우리는 청소년기의 범죄행위의 근본을 이루고 있는 것은 무엇인가에 대한 의문에 부딪히게 된다. 정상적인 인격발전 과정 속에서 나타난 일시적인 현상인가 아니면 조금씩 병적인 인격 조직을 구성할 위험성이 내재된 우려할만한 증상인가?

정신분석학에 대한 신뢰 여부와 상관없이 모든 학자들이 청소년기 병리의 다형적 특징에 대해 정확한 진단을 내리는 것이 굉장히 까다롭다는 사실을 인정하고 있다. 이에 따라 플라비니Flavigny(1988)는 범죄·폭력 행동을 나타내는 청소년과 관련해 '과도기적 심리조직'이라는 개념을 구상하였다. 그리고 다음의 기준들을 고려하여 청소년의 범죄·폭력 행동이 고정된 상태인지 일시적인 상태인지 측정이 가능하도록 하였다. 그 기준들로는 주체의 나이, 행동의 기간, 반복성, 교대, 총체적인 증상, 비행과 폭력 행동의 유형, 행동에 대한 주체의 심리적 의미, 해를 입힌 부위, 주체의 능력, 정신기능적 측면, 신체적 상태, 체질적 장애, 가족·사회·학교 생활의 역동적 관계 및 조건 등이 있다. 위의 기준들을 기반으로 주체의 행동이 예를 들어, 정신병질(공격적 행동의 이행)로 나타나는 정신구조와 관계가 있는지, 의존적 증상(대상 상실의 불안으로 인한 의존적 우울증)으로 나타나는 정신구조와 관계가 있는지, 아니면 정신신체증상(식욕부진, 대식증, 마약중독 등)으로 나타나는 정신구조와 관계가 있는지 여부를 파악하게 된다.

2_7 범죄와 마약

범죄와 마약간의 관계를 정신역동적으로 이해하기 위해서는 다양한 비교연구가 이루어져야 한다. 즉, 약물의 약리학적, 신경생물학적 영향과 상품 가치를 고려하여 범죄와 약물간의 관계에 접근해야 한다. 프랑스에서는 1970년에 제정된 법안 이후로 약물과 범죄의 체계가 다소 분명해진 듯하다. 1970년 법안은 정신활성물질의 구매를 마약관련법안(ILS)에 대한 위반으로 규정하고 있다. 이처럼 범죄와 약물간의 관계가 다소 확립되긴 했지만 직접적인 인과관계는 아직 밝혀진 바가 없다. 두 현상 간의 관계를 이해하기 위해서 서로 상호적으로 관련되어 있는 네 가지 상황을 살펴볼 필요가 있다.

첫 번째 상황은 정신생리적 성질과 관련된다(Brochu 1994). 정신활성물질을 복용함으로써 발생하는 결과와 반응은 물질의 약물학적 성분과 주체 각각의 신경생물학적 과민반응에 따라 다양하다. 코카인, 크랙, 암페타민, LSD, 엑스터시, 대마초, 알코올 등과 같은 물질들은 긴장감을 풀어주고 흥분상태를 유발하기 때문에 종종 이러한 약물을 복용함으로써 범죄 행위가 표출될 수 있다. 복용량에 따라 그 정도가 달라지기는 하지만, 원하는 효과에 따라서 자극제, 항우울제, 마취제, 환각제 등 다양한 물질들이 선택 복용된다. 이러한 물질들의 효능에 대해 알고 있는 사람들은 약물의 심리적 효과와 신체적 효과에 따라 원하는 향정신성의약품을 선택해 복용한 후 범행을 저지르기도 한다.

35살 루시는 서뷰텍스와 알코올, 엑스터시에 중독된 다종 약물중독자이다. 그녀는 물건을 훔쳐 약물과 교환하는 방식으로 약물을 조달 받는다. 루시는 자신의 범행 과정에 대해 다음과 같이 기술한다. "나는 항상 미리 준비를 한다…범행 바로 직전에 술과 함께 로힙놀(수면제)을 먹고 훔칠 장소로 간다. 그때 나는 투명인간이 된다. 그 순간은 그 누구도 존재하지 않고 나는 아무것도 두렵지가 않다…내가 메고 온 배낭에 물건을 가득 넣고 유유히 그 곳을 빠져 나온다. 너무 자연스럽게 행동하기 때문에 심지어 경비원 조차 눈치를 채지 못한다." 로힙놀을 알코올과 함께 복용하면 긴장감이 완전히 사라지면서 '람보 효과' 가 발생한다. 즉, 복용자는 스스로가 전지전능하다고 느끼고 자신의 한계를 뛰어넘는 행동도 서슴지 않게 되는 것이다(Vavassori 2002).

두 번째 상황은 헤로인과 같이 중독성이 강한 정신활성물질을 복용함으로써 유발되는 약물 의존성에 그 원인이 있다. 헤로인, 코카인, 크랙, 엑스터시와 같은 약물들은 가격이 비싸기 때문에 약물에 중독된 복용자들은 약값을 구하기 위해 범행을 저지르게 된다.

세 번째 상황의 원인은 약물중독자 주변 환경의 사회적 역학과 관련되어 있다. 중독자는 마약의 소비와 구매 및 여러 불법거래를 통해 블랙이코노미(지하경제)에 참여하게 된다. 특수한 규정과 규칙에 의해 움직이는 블랙이코노미에서는 '강자의 법칙' 이 모든 것을 지배한다. 한 번 '마약밀매' 를 통해 쉽게 돈 버는 재미를 느끼게 되면, 아예 이 환경에 정착해버리고, 이 상황을 유지하기 위해 계속해서 불법적인 수단을 사용할 수 밖에 없게 된다. 일단 약물에 중독되고 난 후에는 주변 정황으로 인해 약물중독과 범죄에서 빠져 나오는 것이 불가능해진다. 이미 자리 잡힌 시스템에 의해 채무상태의 악순환이 지속되기 때문이다.

네 번째 상황은 범죄 행동과 약물중독에 공통되는 정신 과정인 의존증으로의 '조정' 과 관련되어 있다(Jeammet et Corcos 2001 Vavassori 2005). 의존증은 정신적 방어, 행동, 부정, 폭력, 마조히즘의 형태로 나타난다. 지각운동 세계의 외부 현실과 심리적 내부 현실 사이에는 투여와 역투여 간의 변증법적 관계가 존재하기 때문에 이러한 조정 과정은 정신 기능의 일반적인 경향이다. 단, 문제가 되는 것은 이 의존적 조정이 주체의 정신 기능을 지배하게 되었거나 주체가 불완전한 내부 현실을 외부 현실로 역투여할 때이다. 여기서 의존은 하나의 복잡한 과정을 이루고 있으며, 이 과정의 정신역동적 특수성은 외부 대상을 향한 관계 방식과 정신기능의 다양한 형태에 있다. 이러한 상황에서, 의존적 조정은 공통된 정신적 기반을 구성하여 약물중독적 행위와 범죄·폭력 행위로 이어지게 된다. 심리적 균형을 충분히 뒷받침해줄 수 있는 자기애적 지지대를 필요로 하는 주체는 불완전한 내부현실을 모면하기 위해 외부현실에 에너지를 과투여한다. 약물 복용, 범죄 행동, 극단적 행동 등과 같은 환경이 주체의 특권대상objets privilegiés이 되고 주체는 자기애를 유지하기 위해 이 특권 대상에 의존한다. 결국 범죄 및 일탈 행동은 내부의 불완전함을 대체해주는 수단으로 주체의 심리 균형 유지에 필수적이다. 의존증이 피포를 형성함enkystement에 따라 주체는 셀로스(Selosse 1995)가 지칭한 부정적 주체성을 형성하게 되고, 주체는 "내가 제일 미쳤어. 나는 제일 심한 범죄를 제일 많이 저질렀어. 마약도 제일 많이 했어"라고 만족해한다.

22세의 에릭은 집도 직업도 없는 '유랑자' 생활을 하고 있다. 그는 14살 때부터 정신활성물질을 복용해왔다. 가정환경으로 인한 유년기와 청소년기의 정신적 트라우마와 17살 때 어머니로부터 버림받은 경험으로 에릭은 효율적인 내부대상을 구성할 수가 없었다. 그는 끊임없이 우울증과 불안감에 시달렸다. 스스로를 충동적이라고 표현하는 그는 타인(상사를 향한 폭력)과 자신(자살 시도, 자해)에게 과도하게 폭력적이고 공격적인 성향을 보였다. 그가 보여준 정신역동적 태도는 폭력에 의한 의존적 조정에 해당한다. 자기애적 위협에 대항한 행동이행, 과장된 행동, 대상과의 관계를 단절하고 파괴하는 폭력, 관계 유지를 위한 대상을 향한 공격성 등이 그의 주요 증상이다. 내부의 정신기능 장애는 의존증으로 대체되고 이는 다양한 행동(약물 중독, 폭력성, 범죄)으로 나타난다. 에릭은 자기애적 위협의 상황에 맞서기 위해 반대로 자신을 향한 폭력적 공격(자신을 향한 폭력의 상징으로 정신활성물질 복용, 자해) 혹은 타인을 향한 폭력적 공격(타인을 향한 폭력, 재물 파손)을 표출한다. "임시직으로 일을 하게 되었을 때 상사와 말다툼을 한 적이 있었다. 내가 그 사람 따귀를 때리는 바람에 그가 나를 고발하였다." (Vavassori 2002)

3 행동 임상

범행, 폭행의 단어에 내재되어 있는 '행동'의 개념과 관련하여 이론적이고 임상적으로 좀 더 구체적인 정의가 요구된다. 특정한 정신 기능이나 정신 상태의 증상으로 가정되는 모든 행동들을 지칭하는 말로는 '행동으로의 이행passage à l'acte'이라는 표현이 보편적으로 사용되고 있다. 하지만 이 같은 어휘적 동화는 더 정교하게 분별되어야 할 현상들과 과정들을 하나의 개념으로 축소하고 혼합시키는 오류를 일으킨다. 따라서 일반적인 의미에서는 '행위 agir' 라는 용어를 통일해서 사용하기로 하고, 행동acte, 행동표출mise en acte, 행동화acting out, 행동으로의 이행passage à l'acte과 같은 용어들의 특정한 의미를 분류하는 과정이 필요하다.

3_1 행위에서 행동표출까지

프로이트는 자신의 첫 번째 저서를 통해서 신경증, 회상과 관련하여 행동의 표출적 외면화의 역할을 강조하였다. 또한 숨김과 드러냄의 양면적인 의미와 증상들을 갖고 있는 증상적 행동들을 분석하였다. 그 후

프로이트는 조금씩, 모든 행동을 증상적 행동으로 보지 않고 일부 행동들은 전이적 관계의 표출로 해석하였다. 이에 따라 프로이트(1912)는 환자들을 치료하는 과정에서 행동의 유발 가능성을 이해하였다. 환자는 망각한 것과 억압된 것을 전혀 기억하지 못하고 있지만 이것이 환자의 행동에서 자연스럽게 노출된다(행동표출). 환자는 전혀 의식하지 못하고 있지만 몇 가지 행동들이 반복적으로 나타나는데, 이러한 반복강박은 환자가 스스로 회상하는 방법이다. 프로이트는, 이러한 행동표출은 전이적 재현으로서, 직접적으로 회상을 하는 대신, 운동 행위라는 수단을 통해 반복 행동으로 나타나는 것이라고 이해하였다. 뿐만 아니라, 행동표출은 감정전이를 뛰어 넘어 분석치료 과정에서뿐만 아니라 일상 생활에서도 나타날 수 있다고 보았다. 행동표출의 개념은 점차적으로 행동화라는 용어로 대체되었다. 프로이트 이론을 시초로, 일부 학자들은 전이 행동화와 욕동적 행동화(즉, 일상생활 속에서의 행동화)를 아우를 수 있는 일반적인 개념으로 행동화를 사용하는 동시에, 행동화의 개념에 대해 고민하였다. 결국, 행동화에 대한 연구는 다양한 임상적 측면 즉, 전이의 행동화, 행동 증상, 행동의 연기를 구분하는 데 목표를 두게 되었다. 또한 대부분의 학자들은 정신병리학적 구조를 가지고 있는 특정한 청소년의 욕동적 행동(cf. Blos) 뿐만 아니라, 범죄 행동, 약물 중독 행동과 같은 다양한 행동 표출의 의미와 원인을 임상적 관점과 질병학적 관점에서 이해하려 노력하였다.

정신분석 문헌에서는 분석치료의 공간 외부에서 발생할 수 있는 행동들을 '행동화' 라는 용어로 통일하기로 일부 합의가 이루어졌다. 대부분의 학자들에 의해 행동화는 '이드' 에 저항한 욕동의 발산물로,

해석을 가능하게 하는 표상에서 분리되고 감춰진 것이라고 해석되었다. 그 이후부터, 행동화는 살인이나 자살로까지 이어질 수 있는 무의식적인 행동, 언제나 욕동적인 행동이자, '회상하는 것' 대신에 주체를 벗어난 주체에 의해서 행해지는 행동으로 정의되었다. 하지만 몇몇 프랑스 학자들은 행동화acting out라는 영어 표현대신에 '행동으로의 이행passage à l'acte'이라는 프랑스식 표현을 사용하기를 선호하였다. 하지만 '행동으로의 이행'이라는 표현은 이미 정신의학 임상학에서 무의식의 개념이 배제된 채, 충동적, 폭력적, 공격적, 범죄적(살인, 자살, 성폭행) 행동을 규정하는데 쓰이고 있다. 마찬가지로 일탈행동과 범죄행동에 대한 대다수의 연구에서도 '행동화'와 '행동으로의 이행'이 구별 없이 사용되고 있다. 현재는 일반적으로 모든 정신화 활동을 마모시키는 폭력적, 욕동적, 즉각적인 행동을 지칭하는 용어로 '행동으로의 이행'이 사용되고 있다. 긴장/발산 모델의 정신화 활동에 대해서는 뒤에서 다루게 될 것이다.

3_2 행동, 행동화, 행동으로의 이행

행동과 행동화

앞에서 이미 언급했듯이, 정신분석학을 통해 범죄·폭력 행동 안에 담겨 있는 의미를 해석함으로써 이러한 행동들이 구체적으로 분석되었다. 실제로, 정신분석 임상학적 관점에 의하면, 모든 행동은 무의식적 이행의 결과로서, 이는 행동 실현의 사후작용apres-coup 속에서만 명확하게 드러난다. 어떠한 행동을 분석한다는 것은 단순히 행동의 결과만을 고려하는 것이 아니라, 행동의 주체 즉, 무의식적인 결정에 복종한 주체를 이해하는 것도 포함된다. 행동의 지위에 관심을 가진 라캉(1962)은 행동, 행동화, 행동으로의 이행에 대한 분리된 개념화를 제안하였다. 그리고 자살의 경우를 예로 삼아, 행동 모델을 고안해내었다. 라캉의 관점에서 행동은 언제나 구조를 결정하는 단절을 일으키고 이로 인해 주체는 사후작용 속에서 변화된 위치에 놓이게 된다. 라캉주의 관점에 의하면, 행동을 통해 주체가 다르게 재탄생할 수 있다는 의미에서 진정한 모든 행동은 '주체의 자살'이다. 다시 말해, 행동이기 위해서는 행동의 주체가 더 이상 같은 주체이면 안되고 변화된 주체이어야 한다. 행동은 언제나 의미를 포함하고 있고 무언가를 말하려고 하지만 그것은 사후작용 속에서만 의미를 통해 그 무언가를 파악할 수 있다. 따라서 모든 행동은 정신적 시간성 내에 위치한다. 이러한 구상을 기반으로 라캉은 임상적으로 행동화와 행동으로의 이행을 근본적으로 구별하였다. 행동화는 스스로를 드러내는 주체의 행동 안에 있는 무언가 즉, 애정 표출적 행동acte démonstratif amoureux 으로 정의된다. 이러한 행위는 대부분 무의식 속에서 대타자Autre에게 보여지고 해독되는 행동이다. 다시 말해, 대타자를 향한 모든 행동화는 밝혀져야 될 무언가이다. 이 무언가는 모든 회상과 억제의 제거를 벗어남으로써 나타난다. 즉, 말해질 수 없는 것의 '증명'인 행동화를 통해, 주체는 지독한 불안에서 벗어날 수 있게 된다.

행동으로의 이행

반대로, 모든 '행동으로의 이행' 의 필수적인 연관 관계는 타인과의 분리, 배출이다. 주체가 무례하게 드러난 대상에 직면했을 때나 주체에게 모든 상징화가 불가능해졌을 때 행동으로의 이행이 발생한다. 이를 통해 주체는 그 '장면' 을 뛰어넘음으로써 장면의 외부에, 돌이킬 수 없고 회복이 불가능한 편에 위치하게 된다. 행동으로의 이행은 아무에게도 말을 걸지 않고 어떠한 해석도 기대하지 않는다. 배출되어야 할 쓰레기처럼 살 수 밖에 없는 주체의 절망을 기반으로 한 상징적인 인정과 애정의 요구이다. 여기서 주체는 자신의 미래에는 무관심하고 자신의 인생을 걸 모든 준비가 되어있다.

위와 같은 분리, 정의를 통해 정신분석 임상학은 다시 행동과 무의식의 관계에 집중한다. 따라서 행동과 주체를 다시 정신내부의 역학속에 위치시킨다. 실제로, 행동의 다양한 표상들을 강조함으로써 행동의 의미가 심리적 상황에 따라 변한다는 사실이 드러났다. 즉, '행동화' 와 '행동으로의 이행' 의 목적은 행동의 이전부터 존재하던 모든 무의식적 갈등을 제거하는 것이다. 이는 단절의 문제를 의미하는데, 내부의 참을 수 없는 대분쟁에 직면하여 어떠한 심리적 타협도 불가능하여, 불가피한 대결을 통해 심리적 안위을 지키려는 것이다 (Harrati 2003). 이러한 두 행동 과정과 대립되는 다른 두 행동 과정 즉, 주체를 병리적 반복과 다형적 장애에 고착시켜버리는 과정에 대해서는 뒤에서 다루게 될 것이다.

다른 학자들은 이 같은 구별방법을 정신화와 행동의 개념적 관계로 연장하였다. 이러한 이론들에서는 '행위' 와 '행동' 이 서로 분별없이 사용되고 있기는 하지만 '행위' 가 좀 더 일반적으로 사용된다.

3_3 정신화와 행위

심리적 정교화의 결핍

행위에 대한 연구와 토론들을 통해 심리적 정교화의 결핍에 대한 다소 발전된 가설이 구상되었다. 정신기능에 관한 수많은 가설에 따르면, 욕동 긴장을 해소할 수 있는 심리적 정교화가 결핍되어 있는 경우, 이러한 긴장을 피하기 위해 신체적 수준으로의 퇴행이 일어난다. 이러한 가설은 양자택일, 누전, 방출의 방식으로 기능하는 심적 장치의 존재와 행동과 사고의 배척 관계를 주장한다. 결국, 행위의 침입은 사고의 불가능성, 회피를 유발하게 된다. 우리는 여기서 사고의 과정과 관련된 모든 견해들을 이론적으로 진열하기 보다는, 이런 견해들이 어떻게 사고와 행위를 유기적으로 연결하려 했는지를 살펴볼 것이다. 많은 학자들이 행위의 문제를 말과 행동을 통일시키는 역할을 하는 정신화의 결핍으로 제한하였다(Marty 1980). 행동에 대한 이러한 해석으로 상상 작용과 정신화의 제한적이고 경제적인 특징이 강조되었다. 이 이론들에 따르면, 행동화와 행동으로의 이행 간의 분리가 필수적이긴 하지만, 그 차이는 그 행동이 주체에게 의미하는 바 즉, 행동의 과정적 기능에 따라 고려되고 해석되어야 하는 것이 아니라 대신, 긴장/발산의 경제 모델을 주로 기반으로 하여 해석되어야 한다. 따라서 학자들은 정신화 또는 심리적 정교화의 결핍의 개념(cf.Marty, Millaud)과 정신화 능력에 의존한 사고 기관의 개념(cf. Bion, Chasseguet-Smirgel), 신체화와 행위에 접근하기 위한 감정표현 불능증의 개념(cf. Marty et De M'Uzan, Mc Dougall)을 바탕으로 하여, 행동화와 행동으로의 이행의 불변적 특징들과 임상적 지표를 밝혀내기 위해서 노력하였다.

행동화와 행동으로의 이행 : 구조에 의해 결정된 과정

이 같은 이론적 접근방법을 통해 결정론적인 설명 모델을 구상해 내기 위해서 경제적, 구조적, 심인적으로 행동의 불변요소들과 지표들이 연구되었다. 즉, 행동의 원인을 파악하여 설명 요인들을 명확하게 밝히려 하였다. 정신분석학의 적용과 관계된 이러한 이론들의 대부분은 심리성적 발달의 변화를 참조로 하여, '행동화'에 대해서는 신경적 기능 방식과 '행동으로의 이행'에 대해서는 정신병적 기능 방식(암묵적으로든 명시적으로든)과 관계된 가설을 제안하였다. 결국, 정신역동적 과정과 기능장애는 질병분류학을 넘어서게 되었다. 다양한 개념화의 목적은 인격구조와 정신 현상, 인격 구조에 의해 결정된 결과들을 구성하는 불변의 정신 과정들 중 상당부분을 이해하는 것이다. 단, 인격 구조에 대한 연구에서 임상적 상황이 정신과정의 등장을 설명하는 틀을 제공해줄 수 있을지에 대한 근본적인 문제제기가 되었다. 행동임상에서는 정신과정을 그 속에 감춰진 장애가 표현된 것으로 인식하기 때문에 정신과정에 대한 접근이 축소될 위험이 있기 때문이다. 이러한 위험을 피해가는 동시에 범죄·폭력 행동에 대한 정신분석학적 이해를 더욱 풍요롭게 하기 위해서 학자들은 새로운 개념화를 통해 행동임상을 발전시키려 노력하였다.

3_4 범죄행동에 대한 새로운 이해

범죄, 폭력적 상태(특히, 욕동성, 외상성 정신장애, 반복, 자유로운 공격성, 자아 분열의 개념)에 대한 메타심리학적 해석을 제안하고, 행동의 정신분석학적 연구에 근거하면서, 발리에Balier는 방어 역할을 강조하는 행동 과정에 대해 새로운 구분법을 주장하였다. 그는 정신병리적 진단과 범죄 유형에는 상관없이, '행동에의 의지recours à l'acte'와 '행동으로의 이행'을 분리시켰다. 발리에에 의하면, '행동으로의 이행'은 방어의 수단으로서 정신화 과정을 뛰어넘고 모든 긴장을 발산시키는 것을 목표로 한다. 다시 말해, 사전의 무언가가 무의식적인 환상의 질서 속에서 작용하고 난 뒤에 행동으로 전환되는 것이다. 이러한 발리에의 정의는 정신화/긴장/발산의 관계에 근거를 두고 있는 이론들과 일치한다. 반면, '행동에의 의지'는 주체의 심리적 붕괴를 피하기 위한 긴급 보호조치로서, 최종 방어기제의 역할을 한다. 여기서 행동은 정신 세계psychisme를 방어하는 기능을 담당하며, 심리적 투쟁, 참을 수 없는 불안, 광기로 전환될 위험에 맞서기 위해 발현되는 것이다. 따라서 행동은 반복될 수 밖에 없다. 이와 같은 개념화는 엄격하고 제한적인 질병분류학을 뛰어넘어 욕동적 경제논리 속에서 행동을 기능주의적으로 이해하고 있다는데 의미가 있다. 그리고 현실화된 행동이 가지고 있는 표면적인 단순성에 의해 복잡한 심리적 기능들이 은폐된다고 강조하고 있다. 이러한 접근법은 범죄자 주체의 정신기능의 이해에 대해 새로운 길을 열어주고 다양한 연구 실마리를 제공해주었다. 이 실마리에 대해서는 연속성 모델에서 더 자세히 다루게 될 것이다.

3_5 연속성 : 행동임상

폭력적 범죄 행동의 행위자의 정신기능과 행위에 대한 정신분석 연구들은 연속성sérialité 모델의 탄생에 큰 영감을 주었다. 연속성 이론은 행동과 관련된 현상과 메커니즘의 병인학을 명확히 밝히면서 행동의 연속성(반복)을 이해하는 이론이다. 우리는 주로 프로이트주의와 라캉주의의 행동임상과 발리에의 연구에 근거를 두고, 행동의 반복 문제를 뒷받침하고 형식화하기 위해 노력하였다(Villerbu 2003, Harrati 2003).

- 행동 반복의 문제를 일탈과 범죄 분야로만 제한시키지 않고 정신의학적 해석, 신체화, 주변화 등의 분야와 관련 지어 고려하였다.
- 행동화와 행동으로의 이행 사이에 분리를 유지하는 유용성을 강조하면서 행동 반복과 정신기능과의 관계를 관찰하였다. 즉, 같은 정신과정도 다양한 인격구조로 연결될 수 있다고 보았다.
- 개별적인 역사 또는 개별적인 역사의 조화를 기준으로 심리적 범위 내에서 행동 반복을 고려하였다.

연속성

여기서 '연속성' 이라는 용어는 '연속적 범죄' 를 의미하는 신조어이다. 이 용어가 연속적 살인범을 뜻하는 '연쇄 살인범serial killer' 과 혼돈될 위험도 있겠지만, 행동의 반복에 대한 새로운 개념화를 제안하고 규정하기 위해서는 유용해 보인다. 행동임상과 관련된 이 모델은 반복되거나 반복적으로 발생하는 것은 행동이 아니라, 정신적 트라우마의 상황이 상기되고 지속되는 것이라는 논리를 바탕으로 하고 있다(Harrati,

Vavassori, Villerbu 2003). 행동의 연속성은 트라우마의 사건과 관련되어 있는, 같은 성질의 행동을 반복하려는 무의식적인 강압과 경향을 바탕으로 일어난다. 따라서 연속성은 저항하려는 노력에도 불구하고 같은 성질의 행동들이 반복되는 강압상태로 정의될 수 있다. 저항의 실패로 인한 행동반복은 심리적 정교화가 불가능한 대분쟁을 피하고 심리적 고통을 은폐하기 위한 유일한 해결방법인 것이다.

기능장애의 다형성과 교대

연속성 모델에 의해, 무의식적인 행동표출의 결과물인 행동은 '역학적 작용을 통해 역학적 순간'에 다양한 형태로 나타나는 비슷한 행동들의 총체 속에 그 의미가 내재되어 있는 것으로 간주된다 (Harrati, Vavassori, Villerbu 2003). 이 모델을 구성하고 있는 행동의 세가지 특징은 다음과 같다.

다형적인 기능장애

유사한 장애나 행동들이 다양한 장소에서 나타나고 표출될 수 있다. 따라서 범죄(사법적 판결을 받은 혹은 받지 않은 범죄적 행동)와 정신의학적 해석(다양한 정신장애), 신체화(신체적 증상), 주변화(다양한 일탈, 약물중독, 타락) 등의 영역을 검토하고 유사하게 발생하는 현상들에 주의를 기울일 필요가 있다.

교대

다형적 요소들 간의 심리적 경제논리나 균형에 의해 비슷한 행동이나 현상들이 시간 속에서 반복적으로 나타난다.

> 프랑스의 어느 교도소에서 만난 H씨의 예를 들어보자. 그녀는 고의적 폭행을 휘둘러, 자신의 의도와는 달리 옛 남자친구를 살해한 혐의로 구속되었다. 그녀의 행동은 교육과 애정, 정체성이 결핍된 과거와 관련되어 있으며, 그녀의 이러한 예전 고통들이 사회적 방황과 알코올 중독, 약물 중독, 범죄, 폭력 등과 같은 주변화를 초래하였다. 자신의 주변화된 상황 속에서 정체성과 자신감, 보호수단을 찾으려 했던 H씨는 거기에 자신의 출신과 소속, 과거를 포함시켰다. 그녀에게 행동이란 자신이 속한 그룹과 그 그룹의 가치('밀고자' 의 이마에는 집시의 십자가를 새김)에 대한 소속감을 확인하려는 것과 그룹과의 관계 유지를 통해 자신의 실존적 지위를 유지하기 위한 것이었다.

행동 과정

행동 과정은 역동적 방식으로써 반복의 원칙에 따라 심리적 균형을 유지한다.

행동 과정

행동 과정은 다형적인 기능장애에 형태와 균형을 제공하고 이를 지배하는 정신 과정이다. 즉, 모든 행동과 행동의 반복은 '행동 과정' 이라는 동일한 정신 과정과 관련되어 있다. 이 '행동 과정' 은 주체의 특정한 행동표출 속에 잠재되어 기능하고 주체는 정신기능 속에서 '오케스트라 지휘자' 의 역할을 담당한다(Harrati 2003, 2005). 행동 과정은 다음의 네 과정으로 분리되어 각각의 정신역동적 방식을 수행한다.

1. 행동화는 욕동적, 애정표출적 행동으로, 표출하는 주체의 행동 속에 담긴 무언가를 의미한다. 이것은 타인에 대한 호소, 타인에게 보여지려는 행위로 즉, 타자의 존재를 가정한다.
2. 행동으로의 이행은 주체가 대상에 직면했을 때 갑자기 발생하는 욕동적 행동을 의미한다. 행동으로의 이행은 타인과의 분리이며 주체에 의해 치명적이고 괴롭다고 느껴지는 모욕을 가장 중요시한다. 이러한 정의는 라캉주의의 임상학적 방식을 계승한 것이다.
3. 능동/수동 전환은 수동화와 파멸의 불안과 관계된 행동으로, 내부의 위협을 승리로 전환하려는 목적을 가지고 있다.

프랑스의 여성 교도소에서 만난 T씨의 예를 들어보자. 그녀는 15세 미만 미성년자에게 고문과 잔혹행동을 동반한 강간을 가한 혐의로 구속되었다. 그녀의 가족사(어머니의 죽음, 청소년기의 아버지에 의한 성폭행, 강제 결혼)와 정신병리적 이력(알코올중독, 자살시도, 우울증 상태, 정신활성제 복용)및 정신역동적 여건(공격자–아버지–에 대한 동일시, 자신으로의 전환, 상대방으로의 역전을 기반으로 한 방어적 등록) 등을 통해서 행동이 연속성을 띠고 있음을 관찰할 수 있으며, 능동/수동 전환 방식의 정신역동을 발견할 수 있다. 정신 역동 속에는 사디즘과 마조히즘이 대립적으로 위치하며, 지배/복종/자기처벌의 강박이 혼합되어 있다. 모든 행동표출은 위반을 목표로, 자신의 죄의식을 유발하고 처벌이라는 마조히즘적인 만족감을 얻으려고 한다. 즉, 무의식적인 죄의식을 실제적이고 현실적인 무언가와 결합시키려는 것이다. 성폭력 범죄의 경우에는, ‘교체 가능한' 피해자가 상징적인 중재자를 의미한다. 여기서 주체는 자신이 자신의 공격자였던 것처럼 인식하고, 자기처벌의 욕구, 자기 파괴의 시도를 통해 자신의 고유한 존재와 공격자(T의 아버지)의 존재를 환상적으로 파괴하려고 한다. 결국, 아버지를 향한 표현할 수는 없지만 내면화된 적대감이 모든 행동의 표출을 통해 그녀 자신에게 전환되어 자아는 실패 속에서 승리감을 느끼게 된다.

4. 파괴/복구 교대는 타자에게 강요된 무서운 행동으로, 식인종과 흡혈귀적인 이미지와 연관된다.

프랑스의 한 여성 교도소에서 R씨를 만났다. 그녀는 여러 명(젊은 여성 포함)에게 직접 성폭행을 가하고 동조한 혐의로 구속되었다. 그녀의 인생사(출생 직후 어머니에게 버림받고 입양됨. 가족 안에 포함되고 가족 구성원으로서 위치를 확보하는데 어려움을 가짐)와 정신병리적 이력(성적 정체성 거부, 여성성에 포함되고 여자로서의 위치를 확보하는데 어려움을 가짐, 11세부터 정기적으로 알코올 섭취, 격렬하고 끔찍한 악몽에 수 차례 시달림), 행동(자신의 행동 안에 포함되고 그 안에서 위치를 확보하는데 어려움을 가짐)의 조사를 통해서 행동이 연속성을 띠고 있음을 알 수 있으며, 파괴/복구 교대 방식의 정신역동을 발견할 수 있다. 성적 범죄의 행동표출에서 작용한 파괴/복구 교대의 행동과정은 버림받음과 파괴의 불안에 대항하기 위해서 대상을 지배하고 파괴하고 괴롭히려는 목표를 가지고 있다. 따라서 여성 희생자에 대한 성적 가학은 자신의 정체성과 자신의 여성적 신체에 대한 다소 의식적인 거부로 해석될 수 있다. 또한 서로 연관되어 있는 여성성, 여자다움, 성욕에 대한 일종의 경멸이 피해자에게 투사된 것이다. 행동표출로 인한 흥분에는 대상의 주관적인 자질을 파괴하려는 도전과 한계 초월, 지배, 전능감, 모욕, 자기애적 지배가 혼합되어 있다. 따라서 행동표출은 여성성의 대표인 대상의 가학적이고 파괴적인 함입incorporation을 목표로 한다. 파괴적 의미의 함입을 통해 주체는 결핍되고 무서운 학대자이자, 주체의 자아를 파괴하려는 내부 위험을 퍼뜨린 대상을 환상적으로 파괴하려고 한다. 이로써, 주체는 내부의 복구를 이루고, 자아에게 어쨌든 위협적이지 않은 '안정적인' 동일시를 보장해주게 된다.

즉, 전자의 두 행동과정은 내부의 대분쟁에 직면하여 정신적 안위를 지키기 위해 대결이 불가피한 상황으로, 단절의 과정을 의미한다. 반대로, 연속적 행동과정인 후자의 두 과정은 모든 대결을 미루고, 같은 방법으로 다른 영역(다형성/교대)에서 발생하는 내부 투쟁의 반복과 순환으로 정신기능을 고정시킨다.

결국, 연속성모델은 다음과 같은 두 단계의 분석에 기반을 둔 행동임상이다.

- 삶의 경로 속에서 (다형성의) 동일한 행동의 분열이나 순환/반복 작용을 탐지 또는 분석을 통해 관찰이 가능한 단계.
- 정신역동적 방식에 따라 정신과정과의 연관성뿐 아니라, 내부현실과 외부현실 간의 상호작용을 보여주는 행동과정에 대한 분석을 통하여 관찰하는 것이 불가능한 단계.

연속성 모델을 통해 임상 정신병리학은 범죄학적 문제 연구에 적절한 이론적 임상 모델을 갖추게 되었다. 행동 임상을 정신적 주체의 임상으로 다룸으로써 임상 정신병리학은 고유의 특수성을 유지하고 있다. 여기서 모든 범죄·폭력 행동은 주체의 총체적인 인생 과정과 연출된 장면 속에서 해석된다. 즉, 행동 방식modus operandi의 분석을 통해 생활 방식modus vivendi의 분석이 이루어지는 것이다.

제4장

범죄, 폭력의 예방과 치료

Aspects Préventifs et Thérapeutiques de la Délinquance/Violence

1 예방

범죄 예방책은 정권이 교체될 때마다 각기 다른 이념과 사회경제적 요소에 따라 수정된다. 따라서 장기적으로 일관성 있는 정책이 실행되기가 어려운 것이 현실이다. 범죄현상은 사회 변동에 영향을 받고 그로 인한 부작용들이 종합된 결과물이라는 점을 명심해야 한다. 예를 들어, 핸드폰이 보편화되기 불과 얼마 전까지만 해도 핸드폰 '소매치기' 같은 범죄는 존재하지 않았다. 이러한 급격한 사회변화에 발맞춰 정부도 새로운 정책방안들을 구상해야 하는 것이 당연하지만 반면에, 범죄자들의 상상력보다 한 발 뒤쳐질 수 밖에 없는 현실을 이해해야 한다. 범죄를 예방하기 위해서는 무엇보다 범죄·폭력적 행동 혹은 상황을 유발하고 악화시킬 수 있는 위험 요소나 현상을 예측해야 한다. 범죄상황이나 범죄행동의 심각성과 발생 빈도를 최소화하기 위해서 특정 정책 혹은 포괄적인 정책이 마련되고 있다. 이러한 공공정책은 크게 일차적 예방과 이차적 예방으로 구분된다.

- 일차적인 예방은 국민 전체를 대상으로 하는 기본 정책을 통해 이루어지며, 사회적 차원의 범죄유발 요소들(불안정성, 실업, 주거공간 부족, 비위생적인 공공장소 등)을 최소화하는 데 주목적을 두고 있다. 일차 예방은 주로 사법적이고 행정적인 조치들을 통해서 시민들의 경제적, 사회

적 환경에 직접적 혹은 간접적인 영향력을 미친다 (대표적인 예로, 도시 재정비를 위해 마련된 프랑스의 보를루 법안을 들 수 있다).

- 이차적인 예방은 '위험집단' 을 대상으로 한 특수 방침 및 프로그램들로 이루어진다. 가생Gassin(1998)은 범죄의 공공예방을 위한 방법으로 사회적 예방프로그램, 형사적 예방프로그램, 범죄 기회 제한을 위한 예방 프로그램과 같은 세 종류의 특수 프로그램 및 대책을 제안하였다.

1_1 사회적 예방

사회적 차원의 예방 프로그램은 사회환경을 변화시키기 위해 공권력과 사회성원들이 개입하여 실행하는 모든 방안들을 의미한다. 프랑스에서는 1980년대부터 사회적 예방 프로그램을 시행하여 소위 '위험' 지역의 건축과 사회환경을 재정비(노후 건물 철거, 소규모 건물 건축, 다양한 인종의 조화, 상업시설 형성 등)함으로써 주거 환경을 개선해왔다.

특히, 1980년대에 시행된 도시 정비정책 덕분에 많은 지역들이 정책 실행 25년 후까지도 지속적으로 혜택을 입고 있기 때문에, 도시 정비정책은 언제나 최대 이슈가 되고 있다. 무엇보다, 보를루 법안을 계기로 최우선 정비 지역과 도시들이 지정되었다. 하지만, 이러한 정책이 범죄예방에 실질적인 영향력을 끼쳤는지 여부에 대해서는 의문의 여지가 있다. 정비정책이 생활수준 향상에 필수적 장치로 작용해온 것은 사실이지만, 그럼에도 불구하고 지난 20년 동안 청소년 범죄는 지속적인 증가세를 보이고 있다. 즉, 사회적 차원의 예방정책만으로는 범죄예방에 한계가 있어 보인다. 이러한 이유로 인해 도시정비정책 실행과 더불어 기업과 상업시설의 진출을 장려하기 위한 경제적 조치들도 동반되고 있다. 대표적인 사례로, 프랑스에서는 면세도시지역(ZFU : zones franches urbaines)에 진출해 그 지역 주민들을 고용한 기업들에게는 일정 기간 동안 면세 혜택을 제공해 주고 있다. 이러한 조세 정책을 기반으로 기업들이 고용을 증가시킴으로써, 사회적 유대관계가 형성되었을 뿐만 아니라, 실업과 범죄에 가장 취약한 젊은 세대들의 경제활동 참여가 증가하게 되었다. 물론, 이러한 정책들이 범죄 예방을 위한 유일한 해결방안이 될 수는 없지만 또 다른 유형들의 해결방안 마련에 유리한 환경을 조성해 주고 있다.

1_2 형사적 예방

경찰기관이 새로운 범죄학 자료들을 고려함에 따라 경찰기관의 주 업무인 범죄 처벌과 함께 예방의 문제도 더욱 발전하게 되었다. 특히, 경찰기구에 의해 실행되는 예방 프로그램은 두 부류로 나뉜다.

- 경찰력 개입과 처벌에 의한 예방 (예를 들어, 교통사고 예방조치).
- 희생자 또는 범법행위를 저지를 위험이 있는 자, 또는 재범자에 대한 예방 (예를 들어, 대학 내 마약 거래와 소비 예방 토론회 개최).

총체적인 예방 프로그램들이 요구되는 동시에, 새로운 범죄 현상과 개인들의 행동 변화에 대한 경찰권의 지속적인 관심과 적응이 필수적이다.

> 몇 년 전부터 등장한 신종범죄로 카재킹car jacking(공범 중 한 명이 고의로 차량에 부딪혀서, 차량 운전자가 밖으로 나온 사이에 다른 공범이 차량을 탈취하는 수법)과 홈재킹home jacking(범죄자가 피해자의 집까지 미행해서 무력으로 차량을 빼앗거나 피해자의 집에서 차 열쇠를 훔치는 수법)의 예를 들 수 있다.

1_3 범죄기회 제한

범죄기회 제한을 위한 예방프로그램은 피해자 보호와 환경 통제에 초점을 맞춰 이를 중심으로 범행의 기회를 차단하는 프로그램이다. 퀴송(1994)은 비형법적 프로그램을 통해 범죄의 심각성을 낮추거나 그 수를 억제하는 것이 사회통제의 의무라고 강조하였다. 이러한 형태의 프로그램은 제한적인 다른 정책들에 대한 보완책의 일환으로 마련되었다. 그 근본 목적은 공공 교육프로그램의 실시(범죄발생 원인, 범죄자들의 범행수법 및 범죄 대처방법 등에 대한 정보 제공)와 생활환경의 수정(경보시스템, 방호문, 보안시스템 미흡한 지역의 보안책 마련)을 통해 잠재적인 범죄피해자들의 환경을 보호하는데 있다.

하지만 이러한 프로그램들도 그 한계를 가지고 있다. 실제로, 지역 내 미성년자들의 다양한 범죄나 비행 예방에 대한 시민들의 바램에도 불구하고 일부 대책들은 이데올로기적인 이유나 능력부족 등의 다양한 이유로 인해 강압적이고 부적절한 조치로 금새 변질되기도 한다. 결국은 주민단체가 자율적인 '방범대'를 조직해 점차적으로 경찰 업무를 대체하는 경우도 있다.

일차든 이차든 공공예방정책의 분야에서 사용되는 방법이 모든 범죄현상을 통제하는 것은 불가능하다. 가족, 회사집단, 또래집단과 같은 기본적인 사회집단들이 교육자 역할을 수행할 때 공공정책의 효율성은 더욱 그 빛을 발휘하게 된다. 집단 내 관계의 친밀도가 높을수록 더 효율적인 규율 준수가 이루어지는 만큼, 더 효과적인 조화가 요구된다. 국가가 공공정책을 마련하면 사회에서는 개인들이 책임을 부담할 수 있는 수단과 능력을 갖춰야 한다.

범죄의 공적인 측면을 가지고 범행에 영향을 미친 모든 과정을 이해하기에는 불충분하다. 사회적, 환경적, 도시적 차원의 예방정책들이 범죄 현상을 억제하고 범죄유발 요소를 제한하는데 모든 해결책을 제공해주는 것도 아니다. 범죄자의 행동이 그의 인생 과정이나 특정한 상황과 관련되어 나타나는 만큼, 개인적 요소, 특히 심리적 요소도 범행 과정에서 중요한 부분을 차지하고 있다. 결국, 범죄자의 존재에 영향을 미친 현상들에 대한 포괄적인 이해가 선행되어야 범죄행동과 폭력행동을 일으키게 한 근본적 원인이 되는 갈등과 장애에 접근할 수 있는 것이다.

2 치료

2_1 치료 상황

현재 다음과 같이 다양한 상황에서 정신장애 범죄인에 대한 정신치료가 이루어지고 있다.

공공질서를 위협하는 경우

타인에게 피해를 입힌 당사자는 경찰에게 체포되어 병원으로 이송되며 경우에 따라서는 (예를 들어, 취객이 지나가는 행인에게 공격적인 언행을 행사했을 경우) 법정출두 명령을 받기도 한다. 정신 감정을 거친 뒤, 경찰서로 발송된 법의학 진단서는 수사서류에 첨부된다. 이러한 환자들은 일반적인 정신과적 응급환자와 동일한 치료를 받게 된다. 환자 상태가 공공의 질서와 사회안전에 위협적이라고 정신과 의사가 판단할 경우, 입원에 대한 경찰의 승인이 떨어지고, 경찰의 승인을 받지 못했을 경우에는 의사 추천과 함께 차후 상담이 이루어진다. 환자의 상태가 즉각적인 치료와 병원에서의 지속적인 감시가 필요한 경우에는 단순 입원이나 제 3자에 의한 입원 즉, 환자의 동의 없이 입원이 이루어진다.

구금

프랑스에서는 형사소송법에 따라, 모든 피고인들은 그들의 요청에 의해, 검사의 특별명단 내 전문의를 선택해 감정을 받을 수 있다. 정신 감정은 법의학기관이나 경찰서에서 이루어진다. 피고인이 구금에 부적격하다고 판단되거나, 특히, 심각한 정신 질환을 가지고 있을 경우, 경찰의 감시 없이 병원에 입원하게 된다. 마약관련 사건에 연루된 피고인들은 구금기간 동안 매일 약물테스트를 받아야 한다.

교도소

정신장애자의 면소판결(행동의 형사적 책임에 대해 사실인정이 되지 않은 경우)에 앞서, 예심피의자는 예방의 차원에서 구치된다. 정신과 전문의는 피의자의 정신의학적 장애에 대한 소견을 예심판사에게 통보한다. 수감자들은 위험상황에 있는 환자들을 수용하는 지역사회 정신의학서비스(SMPR)나 기타 시설에서 치료를 받는다. 프랑스의 SMPR은 정신위생 분야의 의료진에 의해 운영되며 형사판결을 받은 환자들의 정신의학 치료를 담당하고 있다. 각각의 SMPR은 그 지역의 구치소와 분리되어 있으며 정신의학 공공서비스와 연계하여 환자들에게 영구적인 치료를 보장하고 있다. 하지만 상황에 따라, 수감자는 치료에 더욱 적절한 전문의료센터나 특수감호 시설로 이송될 수도 있다.

사실, 법적이나 임상학적으로 보았을 때, 대다수의 정신장애자들이 소송이나 재판에서 부당하게 법적 '책임을 부담' 하고 있는 것이 사실이다. 하지만, 교도소 내의 정신의학 치료는 이런 환자들을 대상으로만 하고 있지 않다. 다음의 수형자들도 치료 대상에 포함된다.

- 정신병적 상태 만을 고려해보았을 때 엄밀한 법의학적 판단에 의해서는 범법행위를 저지르지 않은 수형자들
- '보상작용 상실'로 조금씩 정신증으로 이동해가고 있는 수형자들
- 교도소에서 보상작용을 상실한 수형자들. 특히 이들은 본인의 행동에 대해 죄의식이 없고 방어기제의 한계를 벗어났다. 따라서 이들은 구속기간 동안 프랑스 형사소송법 D.398조의 적용을 받아, 일반 정신의학 시설이나 중환자 병동에 강압적으로 수용된다. 구속기간 동안 겪은 조발성 혹은 후발성 정신적 보상작용의 상실로 인해 극도로 취약한 상태인 수형자들에게는 세심한 치료가 요구된다. 이들의 빈번한 우울증 증세는 교도소 내의 높은 자살률로 확인할 수 있다. 또한 약물중독, AIDS, 성폭력(강간) 등에 대한 치료가 야기하는 문제에도 주의를 기울여야 한다.
- 성폭력 범죄 혐의로 치료에 대한 법정명령이나 법적 의무를 진 수형자들 . 이러한 환자들은 치료를 통해 상황이 개선될 수 있음에도 불구하고 자발적으로는 치료를 의뢰하지 않는다. 대부분의 경우에, 처벌과 치료가 동반되어야 하며, 이 두 가지가 혼동되어서는 안 된다. 즉, 치료의 필요성을 지적하는 것은 전문가가, 치료에 대한 판결을 내리는 것은 재판관이, 치료는 정신과 전문의가 담당해야 한다 (Zagury).

행정구금 후 면소판결과 함께 면책을 받은 환자들은 일반적으로 중환자병동(UMD)에서 치료를 받는다. 이 곳에서는 법의학적으로 위험한 환자들뿐만 아니라 일반 정신병원의 정상 기능을 방해한 환자들도 함께 치료를 받는다. 따라서 인격장애, 행동장애 및 기타 장애를 가

지고 있는 환자들의 처벌과 병행된 치료와, 정신병 환자들의 처벌을 대체하는 치료를 분명하게 분리하는 것이 필수적이다.

2_2 치료의 다양한 측면

치료 대상

범죄자의 심리치료 혹은 정신의학적 치료에서 무엇보다 중요한 것은 본인이 변화하려는 의지와 이를 위해 도움을 받고자 하는 마음에 있다. 범죄는 병리가 아니며 따라서 범죄자는 (특별한 경우를 제외하고는, cf. 제 3장) 환자가 아니다. 모든 치료자들이 가장 염려하는 점은 어떻게 재소자들을 심리 치료와 교육 치료(특히, 미성년)에 동참시킬 수 있을까? 하는 문제이다. 범죄자 스스로 치료를 결정할 수는 있지만 (단, 약물 및 알코올 복용이나 성폭행 관련범의 경우에는 치료에 대한 법정명령을 받음) 아무도 치료 검사를 강요할 수는 없다. 교도소는 특히, 구속과 감금으로 인한 정신적 충격을 받은 재소자들이 심리학자나 정신과 전문의와 첫 대면을 하게 되는 장소일 경우가 많다. 하지만 범죄자가 법정명령으로 치료를 받거나 감옥 내 혹은 외부에서 자발적으로 진료를 받더라도 정신과의사나 전문의와의 상담은 중립적이기가 어렵다. 치료를 망설이거나 꺼려하는 몇몇 범죄자들이 진행 중인 치료에 개별적인 반응을 보이기도 하고, 스스로 치료를 중단할 수도 있기 때문이다.

어쨌든, 수감상태에서 겪는 고통으로 인해, 많은 재소자들이 치료 요청을 한다. 이들에 대한 치료작업은 다음과 같이 세 가지 수준으로 이루어진다.

- 불안적인 우울증 장애나 심리적인 보상작용 상실 등과 같이 구속상태나 범죄사건의 파문(소송 중일 경우)으로 인한 임시적인 보상작용 상실에 대한 치료.
- 만성적 정신병, 기질적 장애 등과 같이 구속되기 이전에 진단받은 병리 상태의 치료.
- 재범 방지를 위해 환자의 정신적 고통을 진단하고 정신 기능방식을 수정하기 위한 기능장애 치료.

하지만, 심리학자가 직면하는 가장 심각한 문제는 자신이 범죄자나 환자의 치료를 책임지게 될지 여부를 파악하는 것이다. 환자가 다시 자신의 행동으로 되돌아갈 수 있고 범죄 행동은 결국 보상작용의 상실이나 병리, 기능장애로 변화되거나 혼돈될 수도 있다는 사실을 명심하는 것이 필수적이다.

면담과 치료 권유

치료시설의 첫 번째 기능은 면담에 있다. 환자가 본인의 감정에 대해서뿐만 아니라 말하기 어려운 것도 털어놓을 수 있는 관계를 맺을 수 있는 장소를 마련하는 것이 매우 중요하다. 범죄자를 치료한다는 것은 그를 수용하고 만나고 포용함으로써 단계적으로 본인의 행동의 의미를 발견할 수 있도록 이끄는 것을 의미한다. 사회적 파트너십에 개방적인 의학심리학 센터뿐만 아니라 교도소에서도 안내 면담entretien d'accueil을 통해 환자가 스스로 치료를 요청하도록 해야 한다. 따라서 치료자는 내담자와 충분히 확고한 관계를 형성하여 환자가 두려움 없이 자신을 돌아보며 고통에 대해 이야기하고 행동의 이행과정과 겪어온 불행을 고백하면서 본인이 위험에 처하지 않고 자신에 대해 이야기할 수 있다는 능력을 확인할 수 있게 해주어야 한다.

치료는 내담자의 사법 절차(구금, 판결, 선고)에 종속되어 진행되는 경우가 대부분이다. 심리적 방어기제의 전략이나 상태로 보아서, 가장 중요한 사법 절차는 주체가 치료작업에 몰두하고 있는 순간이다. 따라서 조사 과정에서 치료자가 환자와 공감하고 대화하고 신뢰관계를 형성하는 능력이 매우 중요하다. 이 과정에서 내담자의 매수에 넘어간다거나 내담자와의 관계가 융화적 혹은 지배적 관계로 변질되어서도 안 된다. 치료자가 내담자와의 치료적 관계를 유지할 수 있을 만큼의 충분한 관계를 유지하는 것이 쉽지 않다.

안내 면담의 또 다른 목표는 교도소에서뿐만 아니라 출소 후에 받게 되는 치료와 일반적인 정신의학 치료에 대한 정보를 제공해주는 것이다. 수감 생활에서의 정신적 외상이나 증상을 뛰어넘어 환자의 상태에만 집중된 치료를 환자 스스로가 진심으로 요청하게끔 이끄는 것이 안내면담의 가장 필수적인 역할이다. 물론, 환자의 치료 요청을 관리하는 것도 그에 못지 않게 중요하다. 치료를 관리하는데 있어서는 상담자의 역할이 필수적이다. 상담자는 치료기간 동안의 효율적인 치료를 위해서 환자에 대한 역전이가 일어나지 않도록 경계하고 관리해야 한다.

치료 환경 조성

교도소나 병원의 환경은 효과적인 치료 진행에 중요한 역할을 담당한다. 내담자의 공격 욕동을 가라앉히고 안정시키는 자극막이의 역할을 담당하기 때문이다(Balier 1998). 단, 환경 그 자체가 자극막이의 역할을 수행하는 것이 아니라, 환자가 환경에 자신을 동일시하도록 기여한다. 교도소의 법률은 환경의 범위를 규정하고 처벌로써 이 범위를 철저하게 진압해야 한다. 교도소 환경을 책임지는 것은 상담자들의 치료작업의 첫 번째 단계이다. 상담자는 교도소에서 일하는 근무자이기 때문에 이 환경에 중립적일 수가 없다. 따라서 치료에 앞서 치료자는 교도소의 필수적인 기능을 고려하는 작업을 선행해야 한다. 치료자는 교도소 내 규칙과 규율을 준수해야 한다는 사실을 끊임없이 상기해야 한다. 이러한 의미에서, 올바른 치료를 진행하기 위해 수감자와 치료자 간의 약속사항들을 규정하는 치료 계약contrat de soins을 체결하는 것이 필요하다. 단, 환자에게 요구되는 계약사항은 고무적인 내용 (치료시간 및 계약사항 준수, 치료 공간뿐만 아니라 교도소 내의 규율 준수 등)이어야 한다. 이를 통해 치료환경을 조성하고 환경의 범위를 마련하는 동시에, 다른 사람들처럼 내담자도 본인에 대해 책임을 질 능력을 스스로에게 부여해야 한다.

다학문적 팀 구성

다양한 학문분야의 전문가들이 팀을 이루어 치료를 함으로써 환자는 여러 상담자에게 에너지를 분산시켜 투여할 수 있고 상담자들은 다 함께 치료 관계의 의미를 구상할 수 있다. 연속적으로 상대를 바꿔가면서 치료를 받을 수 있는 다학문팀 작업의 목적은 치료자의 동일시를 분산시키고 투여를 분열시키며, 교대로 작업 단계를 수립하는데 있다. 그런 후에, 통합된 전문가 팀은 모든 환자들을 대상으로 한 공동 치료 작업을 수행한다.

형벌과 치료

형벌과 치료 간의 간격이 잘 유지되지 위해서는, 형벌과 치료가 추구하는 서로 다른 원리가 잘 준수되어야 한다. 또한, 교도소 내부의 교도관 집단과 치료자 집단은 서로에 대해 중립적인 입장을 고수해야 한다.

교도소란 환경에서는 각각의 맡은 임무를 준수하는 태도와 특히, 질서와 안전 유지를 위한 감시의 역할을 존중하는 치료자의 태도가 필수적으로 요구된다. 이를 위해 각자의 상징적인 기능을 분석하고 관련된 위험요소를 책임져야 한다. 교도관들의 감시는 교도소 내의 법을 대표하며, 수감자는 이에 저항해 맞서고 회피하고 위반하려 한다. 따라서 수감자의 상징계 속에서 교도관은 '나쁜 대상' '나쁜 엄마'의 이미지로 남겨질 수 있다. 여기서 역설적인 상황이 연출되는데, 교도소 환경이 갖춰지고 존중될 때야 비로소 자극막이의 기능이 발휘될 수 있으며 이 경우에만 치료 작업이 효율적으로 이루어질 수 있기 때문이다. 반면, 치료자는 금새 자상하고 관대한 '좋은 엄마'로 동일시되어, 한동안 좋은 대상으로 작용한다. 단, 치료자는 순식간에 치료작업에 대립적으로 변할 수 있는 욕구충족의 병리적 근원에 주의해야 한다.

행동에 대한 심리적 죄의식과 책임

죄의식과 책임은 법률적 측면과 심리학적 측면에서 그 의미가 달라진다.[주2)] 사법적 측면에서의 소위 '법적' 죄의식(유죄)은 진실의 차원에서, 행동의 책임을 행위자에게 전가하게 되는 관계를 가리킨다. 유죄는 증

역주2) 불어단어 culpabilité는 유죄와 죄의식 즉, 법률적인 의미와 심리적인 의미를 모두 가지고 있다.

명되고 증명될 수 있어야 한다. 책임은 행동에 대한 '형사상의' 혹은 '법적' 책임을 의미한다. 따라서, 피고인이 범죄 행동의 당사자라는 사실이 증명되었을 때, 프랑스에서는 형법122-1, 2조에 의해 피고인은 행위의 책임자로 인정된다(cf. 제 3장과 5장).

반면, 심리학에서의 죄의식과 책임은 내부의 시련과 감정에 해당하는 것으로, 정신치료 작업의 대상이 될 수 있다. 주체가 죄의식과 책임을 느끼려면 먼저 자신을 행동의 당사자, 행위자로 인정하는 것이 전제되어야 한다. 즉, 초자아가 작용해 행동의 잘못을 인정함으로써 죄의식을 갖게 된다. 또한, 책임은 이타성의 인정과 함께 타자에게 미친 본인의 행동의 결과에 대해 느끼는 감정을 의미한다(cf. 제 5장). 죄의식과 책임은 자신의 행동을 의식하는 과정을 통해서 당사자 스스로가 검토하고 소화해야 한다. 따라서, 죄의식과 책임에 대한 정신치료는 초자아적 욕구의 본성과 방어적 본성, 법률 인정, 타자를 고려할 수 있는 능력, 대상 관계의 특성, 행동의 원인과 기능, 의미 등을 분석하는 것이 매우 중요하다. 결국, 치료의 역할은 내담자가 더 안정적인 자기애적 토대를 마련하고 원초적인 폭력을 대상화된 리비도에 통합시킬 수 있도록 도와주는 데 있다. 베르쥬레는 욕동의 도착적이고 파괴적인 관계를 피하면서 자기애적 복구와 관계적 복구를 실현할 수 있도록 도와주는 것이 필요하다고 강조하였다(cf. 제 1장).

반복적 범죄와 재범

범죄는 다른 범죄 행동의 반복으로 이어지는 경우가 많다. 예를 들어, 사회적으로 악명 높은 범죄자들에 의해서는 사소한 즉, 경범죄가 거의 발생하지 않는다. 반복되는 범법 행위들로 인해서 정부 정책자들은 사회적 책임의 한계와 책임 실패의 원인에 대해 스스로 의문을 제기하게 된다. 하지만 범죄 현상의 방지에 대한 고려 없이는, 개별적인 범죄 예방에 대한 고찰도 어려워진다. 따라서, 자주 논의 대상이 되는 반복reiteration과 재범recidive, 이 두 가지 개념을 명확히 해볼 필요가 있다.

비록 이 두 단어가 재범이라는 단어로 분별없이 혼합되어 사용되고 있기는 하지만 블라티에(2004)는 두 단어의 몇 가지 차이점을 강조하였다.

- 반복적 범죄는 범법 행동이 반복되어 나타나는 것으로 '반복' 이라는 단어는 사법적 의미로만 사용되지 않으며 반복의 심리적 측면은 주체의 정신적 취약성과 직접적으로 관련되어 있다. 반복은 위반 행동에만 제한되지 않고 생활 속 다양한 분야 즉, 정신의학, 주변화, 신체화 등에서 나타난다(cf. 제 3장의 연속성). 주체가 내부의 고통을 일시적으로 안정시키기 위한 방법으로서 행위를 선택한다는 심리적 경제 논리가 반복 행동의 기반을 이루고 있다. 반복적 범죄를 지칭하기 위해서 재범이라는 총체적이고 합의된 용어를 사용하는 것이 일반적이긴 하지만 반복이라는 개념은 좀 더 구체적으로 반복 행동 속에 잠재되어 있는 정신조직과 기능방식을 가리킨다.
- 재범은 동일한 죄질로 규정된 범죄를 지칭하기 위해 등장한 법률 용어로서, 반복에 대한 법률적인 낙인이다. 실제로, '초범' 으로 규정된 주체는 첫 번째 범죄에서 그치지 않는 경우가 대부분이다.

반복과 재범에 대한 구분을 통해 치료와 교육에 대한 입장도 결정되기 때문에 이 두 가지 개념을 구분하는 것이 필수적이다. 실제로 범죄 유형이 일시적인지 상습적인지에 따라 범죄 현상에 내포된 요소들도 달라진다. '일시적' 범죄는 행위자의 삶에서 한정된 시기에 나타나는 범죄로 그 빈도와 심각성이 낮다(Blatier 2004). 청소년기로 제한되는 일시적 범죄는 모든 청소년들의 거부 과정(성인의 거부를 통해 독립성 추구)과 관계되어 있다. '상습적' 범죄는 일찍부터 시작되어 청소년기에는 최소한 해마다 수십 건의 범죄 행동으로 나타난다. 그 죄질은 다양하지만 그 중 최소 한 건은 대인범죄를 포함한다. '상습적' 범죄는 인격적 요인과 매우 밀접한 관련을 맺고 있다. 즉, 범행이 상습적으로 지속될수록, 범행에서 차지하는 인격적 요인의 역할도 그만큼 더욱 중요해진다.

결국, 범죄자 치료를 위해서는 행위자의 심리적 상황을 철저하게 종합적으로 검토하여 그의 인격과 정신역동적 양상, 인지행동 양상에 대한 이해를 향상시키는 것이 필수적이다. 따라서 재범 방지를 위해서는 정신기능 방식, 그와 관련된 과정, 인격 조직, 사회인지적 과정, 사회적 요소 등 다양한 면을 고려해야 한다.

반면, 행동의 반복적인 측면에 더 초점을 맞추는 심리학자들은 반복의 형태를 측정하고 분석하는데 다음의 사항들을 고려한다.

- 반복 행동은 단지 범죄의 분야에만 제한되는 것이 아니며, 앞에서 다룬 것처럼, 다른 분야에서도 나타날 수 있다.
- 반복 행동이 모두 같은 기능에 부합되는 것은 아니며, 다양한 정신 과정이 개입될 수 있다. 이것은 '행동화'와 '행동으로의 이행' 간의 분열 과정에서의 반복인가? 아니면 '능동/수동 전환'이나 '파괴/복구 교대'(cf. 제 3장)의 연속적 과정에 해당하는 유사 행동의 반복인가?

제5장

정신감정

L’expertise

192

1 정신감정과 법

1_1 정신감정이란 무엇인가

오늘날 정신감정의 개념은 많이 대중화되었다. 지금에 이르기까지 정신감정은 합리화와 계획화의 노력을 거쳐왔다. 정신감정의 실행과 함께 검사 분류의 필요성이 제기되었고, 적절한 방침이 수립되고 준거 집단에 대한 정의와 전문가의 의견을 기반으로 한 사회적 대책 등이 체계적으로 마련되었다. 그 결과, 연구실에서만 이루어지던 검사가 전문적인 진료소나 그 유사 기관으로 이동, 발전하게 되었다. 이것은 당시로서는 획기적인 진전이었다. 여기에는 정신연령을 척도로 한 지능검사를 고안해낸 비네A. Binet의 역할이 컸다. 정신감정은 필요한 정보를 분리해내는 것을 목표로 한다. 검사를 통해 분석작업이 이루어지고 이 인문학적 분석은 역사적, 사회학적, 윤리학적 상황을 고려하여 검토된다. 검사를 통해서 분리된 정보는 언제나 동시대적 현상 또는 문제와 관련되어 있다. 이러한 문제들과 개인들의 유형은 표상화되고 검사는 정해진 윤리적 조건과 의무적 조건에서 이루어진다. 정신감정은 학문과 분야에 따라 여러 방법으로 전문의들의 호기심을 자극하는 일종의 예술이다.

1_2 법적인 정신감정

모든 검사는 특수한 역할에 따라 각각의 의미를 지니고 있다. 교육적 의도를 띠고 있든 의학심리학적 의도를 가지고 있든 정신감정은 일단 심리적 혹은 교육적, 사회적인 치료에 필요한 지식을 구하기 위해서 이루어진다. 그 자체로서 정신감정은 의미를 생산해내고 진단에 도움을 주는 수단이다.

법적인 틀에서 의뢰되는 정신감정은 일반적으로 법정신의학 분야라고 말한다. 반면, 심리학 분야에 초점을 맞출 때는 법심리학 분야라고 지칭한다. 이것이 가장 많이 통용되고 있는 기준이며 더 오랜 역사를 가진 법의학과 대칭을 이룬다. 하지만 적절한 용어라고 말할 수는 없다. 그 이유는 형사상 가해자-피해자 관계에서 심리범죄학적 분석의 대상에 집중하기 보다는 법원의 부수적 기능(보조기능)으로서 비중이 더 크기 때문이다. 하지만 신체적, 정신적 손상 및 가족 내 친권 및 별거와 관련된 민사소송, 청소년 사건 담당 판사들의 법적 소송 등과 같이 형법의 범위를 뛰어넘어 사법기관이 정신감정으로 할 수 있는 다양한 소송들을 포용할 수 있다는 장점을 가지고 있다. 이러한 의미에서, 이 분야의 학문과 전문의들의 사용과 기대를 모두 포함할 수 있는 법정 심리학psychologie judiciaire이라는 더 광범위한 용어가 적절할 것이다.

최근에 개발된 형사적 정신감정을 계기로, 다음과 같은 근본적인 수정이 이루어지게 되었다.

- 의학 및 법의학, 정신의학 분야와의 관계를 통해 심리학자가 독립성을 갖추게 되었다.

- 개성 있는 과학적 기준이 존재한다는 사실을 인정하게 되었다.
- 법의학 자료들이나 정신의학 자료들로 단순화할 수 없는 관찰 대상을 전제하게 되었다.

법적인 틀에서 이루어지는 모든 정신감정이나 정신의학검사는 한계를 가지고 있다. 정신 감정인 위원회에 지명되고(일반적으로) 관련 서류(역할 제 1항 '소송자료 검토')를 받는 그 순간부터 감정 전문의는 법적 조건에 종속되기 때문이다. 또한, 예심피의자의 입장과 행위를 판단하는데 전문의는 결정적인 상황에 놓이게 된다. 사실 관련 조사의 범위는 어디까지 허용되는 것인가? 피의자의 불확실한 부정의 태도를 어떻게 판단할 것인가? 반면, 서류에 명시되어 있는 자세한 정보와 관련한 검사가 요구되는 상황에서, 진행 중인 사건과 관련되거나 아니면 다른 사건과 관련되어, 검사 진행 중에 밝혀질 가능성이 있는 새로운 정보들(자백 등)은 어떻게 처리해야 할 것인가? 등의 문제가 해당된다.

1_3 형사사법에 있어서 정신감정의 목표

형사상의 정신감정은 단순한 의학심리 평가가 아니다.

정신감정의 심문과 대답에는 행동의 범법 정도, 사회적 관계의 파괴 정도와 그 대가로 범죄자가 받게 되는 처분의 규모 등이 포함되어야 한다. 감정 전문의는 윤리적 관점과 임상적 관점에서 죄의식, 책임, 처벌, 형벌의 개념뿐만 아니라 특히, 이를 토대로 추론한 위험성의 문제에 대해서도 분명히 인지하고 있어야 한다. 사회학적이자 법률학적인 이러한 개념들이 적절하게 활용되기 위해서는 심리학 분야에서도 이 개념들이 교육되어야 한다. 법학과 심리학에서 같은 단어들임에도 의미는 다르게 사용되고 있는 것이 현실이기 때문이다.

위험성

범죄학적 위험성(범죄 행동의 반복) 또는 정신의학적 위험성(정신장애로, 이성을 잃게 되어 환자 본인이나 타인에게 위험하다고 간주할 때)이 거론되는 경우, 심리학자는 주체의 실존적 위치의 취약함을 밝히고 이로 인해 오히려 주체가 생존을 위해 방어적인 행동을 취하게 되는 것이라고 지적한다. 이러한 심리적 혹은 사회적(혼란을 일으킬 만한 환경, 불안정한 생활 환경) 취약성은 잠재적인 위험성을 내포하고 있다. 즉, 주체의 위험성은 근본적인 것이 아니라 상황이나 질서를 무너뜨리는 파괴적인 사건들로 인해 발생한 결과물이다.

유죄와 죄의식 (법적 심리적 죄의식)

법적으로 유죄판결을 받는 경우는 두 가지 방법 즉, 예전에 오랜 기간 동안 예심판사가 주로 의존했던 자백의 방법과, 증거물을 통해 사실 관계를 확인시켜주는 물리적 증거에 의해 유죄가 명백하게 증명된 경우이다. 현대사회에서의 물리적 증거에 대한 가장 확실한 예로, DNA분석을 들 수 있다. 반면, 심리적 측면에서의 죄의식은 죄의식의 감정과 죄의식에 대한 심리적 동기, 이 두 가지 형태로 나타난다. 죄의식의 심리적 동기는 때로는 현실 요소(실제로 죄를 저질렀을 때)에 의한 것이기도 하고 때로는 내부적 현실 요소(죄의식의 감정이 죄보다 선재한 경우)와 관련되기도 한다. 두 번째 경우를 죄의식의 감정으로 인한 범죄의 신경증 혹은 실패의 신경증이라고 한다. 죄의식의 감정은 주체가 범행을 저지르도록 부추긴다(병적인 양심의 고통을 덜고자 범죄를 저지르고 속죄를 한다). 이러한 죄의식은 고통과 후회를 불러일으키고 이로 인해 거짓 자백을 하거나 거짓 부정을 하게 될 수 있다. 다시 말해, 사법적 오류가 발생할 수 있는 것이다.

법적 책임과 심리적 책임

법적 영역에서의 책임은 당사자(누가?)와 상황(어떤 환경에서?), 단독 행위인지 집단 행위인지(즉, 공범)에 따라 달라진다. 더 정확하고 공정하게 책임의 범위를 평가하기 위해서 형벌은 개별화 혹은 개인화된다. 즉, 각각의 책임을 전가하는 것이다.

심리적 책임은 타자의 위치와 그로 인한 결과를 고려하는 것이다. 심리적 책임은 타자의 존재와 상관관계에 놓여 있는, 이타성의 사회적 형태로, 책임 전가의 문제가 아니라 배려의 문제다. 책임감이 있다는 것은 타자의 안위를 배려하는 것을 의미한다. 심리적 측면에서 타자를 배려하지 않거나, 마치 타자가 존재하지 않는 것처럼 행동하는 주체는 타자를 육체적으로(살인)나 심리적으로(수치심 상실) 제거해버릴 수 있다. 반대로, 부끄러움이 많은 주체는 과도한 수치심 속에서 타인의 시선을 견디지 못해 스스로를 숨기거나(모욕 속에서 살아감) 심한 경우 자살을 선택하기도 한다.

대가, 형벌

'대가, 처벌'을 뜻하는 불어 단어sanction은 '형법의'라는 pénal과 결합되어, sanction pénale 형사적 대가 즉, 형벌이라는 의미로 형법전과 처벌성의 사법기관과 관련하여 사용된다. 하지만, 반드시 처벌적인 대가만 존재하는 것은 아니다. 모든 형태의 인정과 보상(칭찬)도 일종의 대가에 해당되며, 이러한 대가 역시 이타성과 사회관계를 보호하는 규범에 부여된 가치를 따른다. 대가는 타인의 존재를 상기시키고 그런 의미에서 법률을 부각시킨다고 할 수 있다. 반면, 형벌은 사건의 규모에 비례하여 부과된다는 점에서 형법의 경제논리를 따르고, 범법행위를 처벌한다는 사실과 관련하여, 보복의 성질을 갖는다.

정신감정 : 형사책임의 판단에 도움을 주는 비교 접근

법의학은 그 시초부터 현실의 단편이나 잔해를 근간으로 사건의 흔적들과 원인을 해석하는 작업으로 이루어졌다. 프랑스에서는 1810년부터, 정신과 의사가 감정인으로 참여하게 된 이후로 검사의 초점이 바뀌었다. 무의식적으로 인습적 규범을 위반한 정신장애 환자들을 사법의 틀에서 벗어나게 해준 것이다. 그리고 정신장애 환자들을 분류, 해석하고, 비정신장애 범죄자들과 분리시켰다. 그 결과, 모든 기술을 동원한 살인의 기술과 독극물에 대한 지식을 발전시킬 수 있었고, 정신착란(프랑스의 구형법 64조)과 조직적 장애를 추적하는 기술을 갖춘 정신의학을 개발하였다. 그리고 이러한 지식을 통해서 책임(신형법 122조 이하)관련 조항들이 지속적으로 재조직되어가고 있다. 특히, 다음의 두 기준으로 분리되어 지식들이 구성된다.

살인/자살 : 언제, 어떻게, 어떤 수단을 이용했는가? 책임에 대한 관점 : 어떠한 정상적인 혹은 비정상적인 정신상태였는가?

정신감정 또는 정신의학검사는 5가지(2가지 추가) 조항으로 구성되며 이는 거의 변화가 없다. 감정인의 강한 인내심이 요구되는 작업이다.

- 주체는 정신적 혹은 정신의학적으로 이상 양상을 가지고 있는가?
- 범죄행위는 이러한 이상상태와 관계되어 발생했는가?
- 주체는 위험한 상태인가?
- 주체에게 형사처벌이 가능한가?
- 주체는 치료가 가능하거나 재활될 가능성이 있는가?
- 주체는 범행의 순간에, 형법 64조에 명시된 정신착란 상태였나?
- 그 외 유용한 소견을 기술하시오.

검사의 해석은 두 가지 측면으로 분리되어 법안에 적용되었다. 프랑스 형법 64조(1810)에서는, 범행의 순간에 피의자가 정신착란 상태였다면 그것은 아예 범죄로 인정되지 않았다. 하지만 이러한 해석 방법은 1992년에 수정되었다. 정신장애가 형사책임을 면해줄 수는 있지만 범죄 자체를 제거할 수는 없으며, 정신착란의 개념이 현실적으로 정신장애라고 규정된 모든 형태를 포함할 수는 없다는 것이다. 마찬가지로 형사책임만 묻지 않는 현행법과 달리(122-2항은 과거 규정), 과거에는 피의자가 저항할 수 없는 힘에 의해서 범죄를 강요당한 경우는 아예 범죄로 규정하지 않았다. 즉, 주관적인 상황에서의 정신착란과 책임에 대한 개념이 변화하게 된 것이다.

> 122-1항 — 정신 장애나 신경정신 장애로 인해 행동에 대한 분별력이나 통제력을 상실한 상태에서 행한 행위에 대해서는 형사책임을 지지 아니한다.
> 122-2항 — 저항할 수 없는 강요나 힘에 의해 행한 행위에 대해서는 형사책임을 지지 아니한다.

하지만 정신감정은 이러한 질문작업으로만 구성되어 있는 것은 아니고, 감정인들에 의한 임상 관찰이 상당부분을 차지하고 있는 것이 사실이다.

정신감정 : 취약성에 대한 선험적 추리로 심리적 책임과 유죄성을 구성하는 단계

정신감정의 발달사를 모두 되짚어 보는 과정은 생략하도록 하겠나. 단, 정신감정은 인격 조사(사회적 측면)와 인격 평가(심리적 측면)등의 다양한 조사 내에 포함되어 왔고, 초기에는 이러한 검사들의 대상이 미성년자로 한정되어 있었다는 점은 언급해야 할 것 같다. 미성년범죄자를 대상으로 했던 조치는 후에 관습법에 포함되었다.

사법기관에 의해 의뢰되는 정신감정의 역사는 적어도 다음과 같이 두 시기로 나뉘어 진다. 두 시기의 관찰을 통해서 심리학이 어떤 단계를 거쳐 사법의 다차원적 기능에 포함되었는지 확인해볼 수 있다.

1. 첫 번째 시기에는 적성과 반응성의 형태를 평가하는 지적, 사회적,

교육적 능력에 대한 조사가 이루어졌다. 소위 무장한 임상진단이라고 불리는 이 연구는 도구를 이용한 관찰에 중점을 두며, 다음과 같은 테스트들을 포함한다. 지적 테스트(WAIS지능검사를 동반한 IQ지능지수 및 그 파생검사들), 어휘 테스트, 신경심리테스트(Benton, Bender, Rey), 증후군 테스트(Pichot의 PNP테스트[주3]), 적성 테스트, 동기 테스트 등등의 검사나, 일반적으로 투사법이 이용되는 인격 테스트들이 해당된다. 이 인격테스트는 앞선 테스트들과는 달리, 심리학적 작업을 통해 연구대상에 관한 상대적인 불확실성에서 벗어나게 해주었다. 그 외에도 불규칙한 무늬에 대한 자유로운 해석테스트 (로르샤흐Rorschach 검사와 그 파생검사들), 주제통각검사(TAT테스트와 그 파생검사들), 연극놀이(슈나이드만 Shneidman 검사와 그 파생검사들), 그림검사 등은 심리학적으로 강한 충격을 주는 난해하거나 복잡한 대상에 대한 반응을 통해 피검자의 존재방식과 행동 수행방식을 관찰하였다.

초기 법적 의뢰에 의한 검사는 상당부분 정신상태에 대한 감정으로 이루어졌다. 범행 순간에 대한 질문은 거의 포함되지 않으며 이 순간, 피검자는 범죄자가 아닌 일반 의학심리학 상담을 받는 환자로 다루어진다.

2. 두 번째 시기에는 상황에 대한 조사가 이루어졌으며, 이는 범행 순간에의 피검자의 정신기능 평가를 목적으로 한다. 즉, 어떤 특정한 순간에 특별한 사건에서 나타난 행동의 의미를 연구하는 작업이다. 이와 관련하여 셀로스J.Selosse와 같은 프랑스 심리학자들은 범죄 행

역주3) 1959년 P. Pichot에 의해 고안된 PNP테스트는 편집증과 신경증, 정신병질적 성향 여부를 진단하는 테스트이다.

동의 표현적이고 의사소통적인 기능을 연구하였다. 이에 따라 연구의 초점이 범죄 선택, 주변사람들과의 인간관계 속에서 범죄선택의 기능적인 가치, 무의식적인 동일시, 심리내부갈등의 해결 시도로까지 확장되었다.

이제 감정인은 범죄 행동은 근본적으로 누구를 향한 것인가? 무엇이 범죄로 대체된 것이고 무엇이 불가능했던 것인가?와 같이 범행순간의 이중적인 대리 기능에 대해 분석하기 시작하였다.

정신 감정인은 더 이상 모든 지능지수, 적성 테스트의 결과에만 기대지 않고 범행순간을 역동적으로 이해하며 부차적인 것에 집중하기 시작한다. 무엇을 통해 억제가 해소되었나? 요구, 복구, 파괴의 의미를 내포하고 있는가? 즉, 행동과 행위의 경제원리를 기반으로 관찰된 정신병리적 과정이나 구조를 분석하는 것이다.

전문의에게는 추가적인 검사를 분석해야 할 역할도 주어진다. 여기서는 피의자 검사, 피해자 검사, 가석방 신청자 검사의 예를 살펴보자. 피의자 검사는 형사적 정신감정과의 유사성 때문에 보편적으로 많이 사용되고 있다. 피해자 검사는 가석방 신청자 검사와 함께 조직 단계에 있다 (Outreau 사건과 Patrice Alègre 사건을 계기로, 아이건 성인이건 피해자들의 진술 및 증언 수집에 대한 어려움이 밝혀졌다). 가석방 신청자 검사에 대해서는 가석방을 허락 받은 수형자의 재범문제를 측정하기 위해 범죄심리학 분야에서 신뢰할만한 서식을 현실적으로 갖추고 있는지에 대한 의문이 제기되고 있다.

피의자 검사

1. 선천적 및 후천적 요소

지능, 감성, 사회성에 대한 피검사자의 인격을 분석하고 잠재적인 병리적 측면을 평가한다. 행동에 영향을 끼칠 가능성이 있는 정신적 장애나 결함을 가지고 있는지 여부와 표출된 장애나 결함이 보호감호 조치 및 특별 재활훈련을 필요로 하는지 또는 상습적으로 나타나는 징후가 있는지 여부를 확인한다. 또는 인격발달에 영향을 미칠 수 있는 생물학적, 가족적, 사회적 요소들뿐만 아니라 행동에 영향을 주는 습관적 동기와 지적 동기를 측정한다.

2. 범죄행동과 역사적, 시기적 또는 상황적 원인들

- 인격이나 정신이상 경향이 범죄 발생에 영향을 미칠 수 있었는지 여부를 규명한다.
- 필요한 경우, 가설적으로, 어떠한 방법으로 범행을 저질렀는지를 설명한다.

1. 범죄 행동과 연관된 상황, 신빙성, 영향성

당시 피검사자의 상황이 그 사건과 어느 정도 관계가 있는지 확인한다. 또는 피검사자가 행동에 영향을 미칠 가능성이 있는 심리적 장애나 결함을 가지고 있는지, 만약 그렇다면, 심리적 치료의 대책이 필요하거나 효율적일지 여부를 평가한다.

2. 재범 가능성, 결과 : 교화 가능성, 치료 가능성, 지원 대책

어떤 대책을 통해 피검사자가 사회에 재적응할 수 있을지 알아낸다. 피검사자가 원만히 사회에 재적응하고, 앞으로는 반사회적 행동을 표출하지 않도록 하기 위해서는 어떤 교정 교육의 방법과 조건을

갖추어야 하는지 명확히 밝힌다.

3. 전술한 항목에 포함되지 않은 그 외의 내용

상황을 정확하게 표현하는데 유용한 모든 소견을 기술한다.

피해자 검사

1. 공격 후 상황의 심리평가/ 선천적 및 후천적 요소

현재의 인격 상태를 분석한다. 또는 피검사자가 행동에 영향을 끼칠 가능성이 있는 장애나 결함을 가지고 있는지 여부를 확인한다. 피검사자의 특별한 특징 및 양상, 인격의 변천과정, 인격의 형성에 영향을 미친 상황 및 조건, 평소 행동을 이끄는 감정적 동기 및 지적 동기 등을 측정한다.

2. 진술의 신뢰성에 대한 평가

피검사자의 진술이 어떠한 범위에서 고려될 수 있는지 확인한다.

3. 결과 분석과 지원책의 제안

- 해당 범죄 행동이 심리적으로 피해자에게 어떠한 영향을 미칠지 파악한다.
- 치료가 필요한지 여부를 밝힌다.

또는 피검사자의 심리학적 상태에 대한 평가와 피검사자에게 필요하다고 생각되는 치료나 보호 조치와 관련된 모든 정보를 기술한다.

1. 전술한 항목에 포함되지 않은 그 외의 내용

상황을 정확하게 표현하는데 유용한 모든 소견을 기술한다.

가석방 신청자 검사

가석방 신청자를 대상으로 하는 검사로, 프랑스에서는 1998년 이후부터 성폭행범의 신청에 대해서는 무조건적으로 시행되고 있다.

1. 이중검사

   의학심리 검사와 정신의학 검사를 모두 시행한다.

2. 선천적 요소를 기반으로 수감기간 동안의 후천적 요소에 대한 평가 수감기간 동안의 인격을 묘사, 평가한다.

3. 범죄와 판결 과정

- 피검사자가 죄의식을 가지고 있는지 여부를 확인한다.
- 수감기간 동안 피검사자가 정신적 혹은 심리적 장애를 가지고 있는지 혹은 가지고 있었는지 여부를 확인한다. 수감기간 동안 정신의학적 혹은 심리적 치료를 받았는지 병원시설에 수용된 사실이 있는지 여부를 확인한다.
- 수감 중 혹은 출소 후, 의학적 치료 또는 정신치료가 필요할 것인지 여부를 확인한다.

4. 범죄성(또는 위험성)

- 정신적으로나 심리적으로 발작을 일으킬 경우, 치료나 병원 수용이 피검사자의 위험성을 감소시키거나 개선시킬 수 있는지 여부를 확인한다.
- 가석방 혹은 출소할 경우에 피검사자의 범죄학적 위험성을 평가한다.

2 형사적 정신 감정 : 현대적 진보

정신감정 전문의가 사법의 기능에서 차지하는 비중이 점점 더 증가하고 있다. 현대의 과학적 진보와 복잡한 소송 절차에 의해 판사는 판결을 내리기 위해 전문가들의 조언을 더욱 필요로 하고 있다. 법원이 확실한 심증을 형성하지 못하면, 증거요소에 더 의존하게 된다. 따라서, 이러한 인문학적 증서들은 범죄과학에서뿐만 아니라 범죄학에서도 중요한 위치를 차지하게 되었다.

심리 범죄과학에서 신원확인의 기술은 범죄자 프로파일링(심리적 또는 정신병리적 묘사), 지역별 범죄성(범죄에 대한 지역 연구)에 대한 기술의 도입을 통해 라인업(여러 사람들 가운데 용의자를 확인하는 방법) 과정, (고소와 증언에서의) 진술 분석법과 함께 발전하였다. 범죄 심리학에서, 범죄자의 생활방식 연구와 정신병리학적 분석은 범행에 이르기까지의 과정에 대한 이해를 일부 향상시켜주었고 상호작용성에 대한 체계화는 형사상 커플 couple pénale(범죄자와 피해자를 결합시켜 서로가 서로를 선택할 수 있다고 봄) 이라는 논쟁적인 개념을 다소 명확하게 해주었다. 범행으로까지의 과정을 분석하는 작업(관계없는 행동들 간의 분석은 더 이상 이루어지지 않음)은 위법의 상황에 놓인 당사자를 분석하는데 필요한 총체적인 이론을 강화시켜주었다. 이로써 범죄 행동을 분석하는데 있어서, 주체의 취약성에 대한 새로운 관점을 필요로 하게 되었다. 현재, 행동과(습득과 완성에서 비롯되는) 행동 방식modus operandi, 개인사, 생활 방식modus vivendi과 같은 네 가지 요소를 기반으로 범죄 행동이 분석되고는 있지만, 이와 함께 정신조직에 의한 범죄의 실현에 필요한 기회의 틀에 대한 이해가 반드시 필요하다. 어떤 이론을 기준으로 하더라도, 정신 조직만으로는 더 이상 범죄 행동을 이해하는데 한계가 있으며 일탈과 폭력행동을 이해하기에는 더욱 부족하다. 따라서 임상심리에 적절한 기준, 사회학적 기준, 심리사회학적 기준과 함께 인지적 이론과 신경생물학적 이론의 구성도 필수적이 되었다.

더욱이 치안에 대한 불안감이 고조되고, 고정적 요소(예를 들어, 개인의 과거력과 관련된 사실)들을 토대로 범죄 위험집단(위험성)을 추적해내고 있는 오늘날의 상황에서 이러한 복합적인 이론의 필요성은 더욱 근본적인 문제가 되었다. 대규모의 통계분석이 거의 불가능한 정신역동적 요소들만으로 범죄행동을 정밀하게 이해하는 데는 한계가 있기 때문이다. 이에 덧붙여, 전문적인 지식들이 더 많이 활용되어야 하고 전문가들은 과학적 지식이나 과학적 결과에 대한 책임감이 결여된 태도에서 탈피해야 한다. 얼마 전부터 최소한의 지식만을 갖춘 전문인들을 심심치 않게 발견할 수 있다. 이는 범죄학에서만 아니라 사회 또는 법 분야의 다른 모든 학자들에게도 해당된다. 새로운 범죄학적 지식을 발전시키려는 의욕이 없고, 실무 전문가와 대학 교육간의 고질적인 단절로 인해 혁신적인 지식을 갖추지 못하고 기존의 정체된 지식만이 자리를 메우고 있다. 특히, 한 편으로는 피해성victimité에 대한 연구가, 다른 한편으로는 판결 이후(예를 들어, 수감 중)에 대한 조사가 임상측정의 분야에서 가장 더디게 진행되고 있다.

자유, 삶, 죽음, 돌이킬 수 없는 정신적 상실 등의 문제들이 총체적으로 다루어지는 사법 분야에서는 법률고문으로서 가장 뛰어난 전문가라 하더라도 실제로 예전 지식과 현대의 과학 지식을 가지고 앞으로의 범죄현상을 정확하게 예측할 수 있다고는 장담할 수가 없다. 인문학의 전문분야에서는 합의에 기초한 지식들의 끊임없는 혁신이 요구되기 때문이다.

결론
Conclusion

앞서 강조한 바와 같이, 전 시대를 걸쳐 모든 사회에서 다양한 범죄와 폭력 사건이 끊임없이 발생해 왔으며 이와 관련된 사회적, 정치적인 우려가 지속되고 있다. 따라서, 우리는 이 책을 통해 인문과학과 사회과학 분야에서 범죄·폭력 행동에 대한 의미 있는 연구들을 소개하는 동시에, 범죄현상에 대한 이해를 복잡하고 까다롭게 만들어버린 연구들의 한계도 지적하였다. 또한, 수십 년 동안 다양한 학문에 축적되어온 자료들을 새롭게 조직하고, 검토하고, 분석하는 방식을 제안했다. 하지만 다양한 이론적 접근방식과 수많은(사회학적, 경제적, 행동적, 심리적, 체계적, 생물학적) 모델들을 통해서 범죄현상의 복잡성과 이질성을 다시 한번 확인할 수 있었다. 그리고 여전히 같은 의문이 미해결된 채 남아있다 : 범죄·폭력 행동의 표출에 영향을 미치는 것은 무엇인가·범죄·폭력 행동에서 개인의 책임은 어디까지이며 사회의 책임은 무엇인가? 거의 언제나 우리는 범죄를 이해하기 위한 요소들을 강조하는데, 이로써 개인적, 집단적인 예방 수단과 사회적, 교육적, 심리적 책임부담의 방법을 조합시킬 수 있기 때문이다. 그럼에도 언제나 폭력과 범죄 근절에 대한 환상과, 사회, 문화적 그룹, 주체로서의 한계에 부딪히게 된다. 이러한 상황은 정치와 사회의 이데올로기적 힘에 의해 더욱 확대되어, 학자들은 사회적 긴급성과 정치적 요구에 부응하기 위해 서둘러 해결책을 제시한다. 하지만 연달아 등장하는 '새로운' 해결안들은 언제나 이것이 범죄

현상에 미칠 영향에 대해서는 고려하고 있지 않다. 우리는 범죄자 역학의 이해라는 목표 하에, 잠재적인 약점으로부터 안전한, 독창적인 분석 능력을 갖추고 있다고 스스로 자부할 수 있는 증거들을 추구하고 있다. 이를 위해서는, 다양한 사회적, 정치적 요구에 대한 반응들에 대해 경계를 늦추지 않고, 일탈 행동이 서서히 '병리화'되지 않도록 지속적으로 감시하는 것이 중요하다. 소레M.J.Sauret가 명시한 바와 같이, 규범을 어기거나 일탈한 당사자를 범죄자로뿐만 아니라 정신장애자로 간주해버리는 것은 위험한 발상이다. 이는 범죄자들의 책임을 면제해주고 이들에게 필수적인 사회적 차원의 치료와 교정교육의 원동력을 제거해버리기 때문이다.

참고문헌

ALBERNHE T. (1997). *Criminologie et Psychiatrie*, Paris, Ellipses.

ARCHAMBAULT J.C., MORMONT C. (1998). *Déviances, délits et crimes*, Paris, Masson.

BALIER C. (1988). *Psychanalyse des comportements violents, Paris*, PUF.

BALIER C. (1996). *Psychanalyse des comportements sexuels violents* , Paris, PUF.

BARTE H. N., OSTAPTZEFF G. (1992). *Criminologie clinique*, Paris, Masson.

BERGERET J. (1984). *La Violence fondamentale*, Paris, Dunod.

BLATIER C. (2002). *La Délinquance des mineurs. L'enfant, le psychologue, le droit, Grenoble*, Presses Universitaire de Grenoble.

BLATIER C. (2004). <*Le Délinquant recidiviste, le délinquant transitoire et le délinquant persistant*>, in CROCQ L., Victime -Agresseur, Nîmes, Editions du Champs social.

BORN M. (2003). *Psychologie de la délinquance, Bruxelles*, De Boeck.

BOUCHET-KERVELLA D. (1996). <*Pour une différenciation des conduites pédophiliques*>, L'evolution psychiatrique, 61, 1, 5-73.

BROCHU S. (1995). *Drogue et criminalité, Montréal*, Presses Universitaire de Montréal.

CARIO R. (1992). *Femmes et Criminelles, Toulouse*, Erés.

CARIO R., FAVARD A.M. (1991). *La Personnalité criminelle*, Toulouse, Erés.

CASONI D., BRUNET L. (2003). *La psychocriminologie*, Paris, Presses de l'Université de Montréal.

CHARRIER P., HIRSCHELMANN AMBROSI A. (2004). *Les Etats limites*, Paris, Armand Colin.

CHARTIER J. P. (1998). <*L'analyste et le psychopathe*>, in L'Adolescent, *le Psychanalyste et l'Institution*, Paris, Dunod.

CHAZAUD J. (1990). <*Retour à la paranoia*>, Perspectives psychiatiques, 21, 1.

CIAVALDINI A. (1999). *Psychopathologie des agresseurs sexuels*, Paris, Masson.

CUSSON M. (1994). <Le crime du point de vue de l'analyse stratégique>, in SZABO D. Et LEBLANC M., *Traité de criminologie empirique,* Montréal, Les presses de l'université de Montréal.

CUSSON M. (1998). *La Criminologie,* Paris, Hachette, coll. <Les fondamentaux>.

DEBUYST C. (1968). <Le comportement délinquant de l'homme normal et la clinique criminologique>, in DEBUYST C., *La Criminologie clinique: orientations actuelles*, Bruxelles, Charles Dessart.

DUFFLOT-FAVORI C. (1999). *L'expertise psychologique. Procédures et methodes*, Paris, Dunod.

DURKHEIM E. (1970). *La Science sociale et l'action*, Paris, PUF, 1987.

FRECHETTE M. Et Le BLANC M. (1987). *Délinquances et délinquants*, Chicoutimi, Gaetan

Morin.

GUTTON P. (1991). *Le Pubertaire*, Paris, PUF.

HARRATI S., VAVASSORI D., VILLERBU L.M. (2003). <L'analyse criminelle sérielle appliquée aux agressions sexuelles féminines>, Forensic, *Revue de psychiatrie et psychologie légales*, 16, 34 ?39.

HARRATI S., VAVASSORI. D., VILLERBU L. M. (2005). <Des concepts d'acting out et de passage à l'acte vers une clinique de l'acte renouvelée: le modéle de la sérialite>, *Forensic, Revue de psychiatrie et psychologie légales*, 20, 27-33.

HOLLIN C.R. (1989). *Psychology and Crime: An Introduction to Criminological Psychology*, Londre, Routledge.

JEAMMET P., CORCOS M. (2001). E*volution des problématiques à l'adolescence: L'emergence de la dépendence et ses aménagements*, Paris, Doin.

KESTEMBERG E. (1999). *L'Adolescence à vif*, Paris, PUF.

KLEIN M. (1927). <Les tendances criminelles chez les enfants normaux>, in *Essais de psychanalyse*, Paris, Payot, 1968.

LABORIT H. (1970). *L'agressivité detournée. Introduction à une biologie du comportement social*, Paris, UGE.

LACAN J. (1948) <L'agressivitá en psychanalyse>, *Revue francaise de psychanalyse*, 367 ?388.

LAGACHE D. (1956). <Réflexions sur De Greeff et le crime passionnel>, in *Oeuvres III*, Paris PUF, 1980.

LEAUTE J. (1972). *Criminologie et science pénitentiaire*, Paris, PUF.

LEGENDRE C. (1997). <Apparence et transparence, acte et expertise psychologique>, *L'Evolution psychiatrique*, 62, 3, 521-532.

LESOURD S. (1994). *Adolescences. Rencontre du féminin. Essai psychanalytique sur la difference des sexes*, Ramonville Saint-Agne, Erés.

MARTY F. (2002). *Le Jeune Délinquant, Paris*, Payot.

MELOY J. R. (2000). *Les Psychopathes*, Paris, Frison ?Roche.

MICHAUD Y. (1986). *La Violence*, Paris, PUF, coll. <Que sais-je?>.

MORMONT C., CRONET J.P., GIOVANNANGELI D. (2003). *Les Délinquants sexuels ?: théories, évaluation*, et traitements, Paris, Frison Roche.

MUCCHIELLI R. (1963). <La notion du bien et du mal chez l'enfant>, *Les Cahiers de l'enfance*, 25-36.

MUCCHIELLI L. (1999). <La déviance: normes, transgressions et stigmatisation>, *Sciences humaines*, 99, 20-25.

MUCCHIELLI L. (1994). *Histoire de la criminologie fracaise*, Paris, L'Harmattan.

OGIEN A. (1995). *Sociologie de la déviance*, Paris, Armand Colin.

PEDINIELLI J. L., BERTAGNE P. (2002). *Les Névroses*, Paris, Armand Colin.

PEDINIELLI J. L., GIMENEZ G. (2002). *Les Psychoses de l'adulte*, Paris, Armand Colin.

PINATEL J. (1987). *Le Phénomene criminel*, Paris, MA Edition.

PIRLOT G., PEDINIELLI J. L. (2005). *Les Perversions*, Paris, Armand Colin.

PROULX J. et al. (2005). *Les Meurtriers sexuels. Analyse comparative et nouvelles perspectives*, Montréal, Presses Université de Montréal.

PROULX J., CUSSON M., et OUIMET M. (1999). *Les Violences criminelles*, Montréal, Presse de l'Université de Montréal.

RAYMOND S. G. (1989). *Les Expertises en sciences humaines*, psychiatrie psychologie, Toulouse, Privat.

SCHERRER P., BAILLARD M. (1980). <La debilité mentale>, in SCHERRER P., *Approche clinique de la psychiatrie*, Paris, Simep.

SELOSSE J. (1980). <Identification négative>, *Bulletin de psychologie*, 33 (345), 619 ?624.

SZABO D., LEBLANC M. (1994). *Traité de criminologie empirique*, Montréal, Les Presses de l'Université de Montréal.

VAN GIJSEGHEM H. (1988). *La Personnalité de l'abuseur sexuel*. Typologie à partir de l' optique psychodynamique, Montréal, Editions du Méridien.

VAVASSORI D., HARRATI S., SZTULMAN H. (2005). <Etude multidimensionnelle de la dépendance psychologique>, *Alcoologie et addictologie*, 27, (2), 99 ?106.

VILLERBU L. M. (2001). <La psychopathie au risque de la clinique, épistemologie et considérations psychopathologiques sur la question des représentations et de l'acte dans la psychopathie dite grave>, *L'Evolution psychiatrique*, 66, 678 ?690.

VILLERBU L. M. (1999). *Expertise psychologique, Psychopathologie et Méthodologie*, Paris, L'Harmattan.

VILLERBU L. M. et al. (2003). Dangerosité et vulnérabilite en psycho ?criminologie, Paris, L'Hartamattan, coll. <Sciences criminelles>.

ZAGURY D., MILLAU F. (1998). <Le passage à l'acte du parricide psychotique>, in MILLAUD F., Le Passage à l'acte ?: aspects cliniques et psychodynamiques, Paris, Masson.

당신 안의 예술가를 깨워라

신국판 293쪽 15,000원

에릭 메이즐 지음 | 김병수 옮김

오랫동안 세계 각국의 예술가들의 창조성 코치로 일해 온 저자가 현실과 예술 사이를 잇는, 실제적이고 구체적인 창조력 코칭 사례들을 소개한다. 음악, 미술 전공생이나 창조적인 삶을 원하는 일상인 모두에게 권하는 책이다.

리딩 프로이트

사륙배판 500쪽 32,000원

장-미셸 키노도즈 지음 | PIP정신분석연구소 옮김

프로이트 저작들을 연대기 순으로 정리한 신세대 프로이트 교과서이다. 프로이트 이론의 탄생 배경이 된 삶의 에피소드, 프로이트 이후의 이론적 전개 등을 쉽게 설명하고 있다.

자기심리학과 나르시시즘의 치료

사륙배판 339쪽 20,000원

리처드 체식 지음 | 임말희 옮김

자기애적 인격장애의 발병 원인과 치료법을 코헛의 자기심리학을 중심으로 고찰하고 있다. 프로이트로부터 멜라니 클라인, 대상관계, 자아심리학, 유럽 정신의학에 걸쳐 병적 나르시시즘에 관한 다양한 관점을 소개하고 있다.

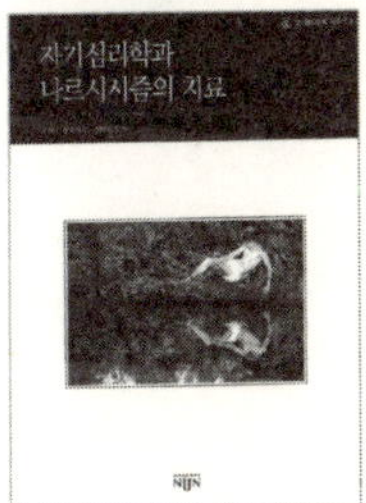

자아상의 치유

신국판 228쪽 11,000원

변상규 지음

자아상은 행복과 불행, 성공과 실패를 결정짓는 뿌리이다. 이 책은 잘못된 자아상이 어떤 과정을 통해 형성되었고 어떻게 그것을 치유할 수 있는지 생생한 사례를 들어가며 밝힌다. 저자는 대상관계이론과 애착이론 등 정통 심리학에 근거한 내용들을, 마치 옆 사람에게 이야기를 들려주듯이 쉽고 재미있게 전달하고 있다. 저자는 20여년의 상담/강의 경험을 바탕으로, 병든 자아상을 치유할 수 있는 구체적인 해법을 막힘없이 제시하고 있다.